Susanne Wiborg

Im Garten

Wörterpracht vor meiner Tür

Inhalt

Es ist ganz gleich, ob ein Garten klein oder groß ist. Was die Möglichkeit seiner Schönheit betrifft, so ist seine Ausdehnung so gleichgültig, wie es gleichgültig ist, ob ein Bild groß oder klein, ob ein Gedicht zehn oder hundert Zeilen lang ist.

Hugo von Hofmannstal

Hugo von Hofmannstal wusste es aus Erfahrung: Im Garten ist alles möglich. Er kann eine Kurzgeschichte sein oder ein Roman, ein opulentes Gemälde oder ein zartes Aquarell – aber auch ein optischer Schlag in den Magen. Nicht umsonst liegt in allen großen Religionen das Paradies in einem Garten. So war die Beschäftigung mit ihm immer auch Kunst und Meditation, und vor allem eine große Liebe: »Den Garten des Paradieses betritt man nicht mit den Füßen, sondern mit dem Herzen«, nannte das Bernhard von Clairvaux; »Ein Garten ist die einzige Geliebte, die niemals versagt und niemals verblüht«, brachte Beverley Nichols es auf den Punkt. Garten und Literatur – das waren lange Zweige desselben Baumes: »Der Gärtner tut mit seinen Sträuchern und Stauden, was der Dichter mit den Worten tut«, meinte Hofmannsthal in *Natur und Erkenntnis*, »er stellt sie so zusammen, dass sie zugleich neu und seltsam scheinen und zugleich auch wie zum ersten Mal ganz sich selbst bedeuten, sich auf sich selbst besinnen.«

Eine Beziehung, die uns heute fehlt. Die moderne Literatur hat völlig andere Bezüge, die intellektuelle Kritik fertigt das Thema Garten von oben herab ab. Andererseits ist der Trend zum Hochglanz-Grün unverkennbar: Wir spüren, dass uns etwas Grundsätzliches fehlt, und durch diese Sehnsucht boomt die virtuelle Natur. Live wird sie dann allerdings eher lästig: Dem öffentlichen Hype um Biene und Klima stehen geschotterte Privatgrundstücke und leblose Innenstädte gegenüber. Ein Zwiespalt, perfekt verkörpert durch Klimaschützer, die auf einer Demo rücksichtslos Felder zertrampeln und jene, die sie pflegen, von oben herab abfertigen: »Sorry, deine Möhren sind nicht wichtiger als unser Klima.« Ohne die Ironie dahinter auch nur zu ahnen: dass nämlich das Klima genau da ist, wo es ist, weil wir es verlernt haben, die Möhren zu achten. Sprich: dass wir die globale Umwelt zerstören, weil wir unsere engste Umgebung nicht mehr respektieren. »In der Hoffnung, den Mond zu erreichen, vergisst der Mensch die Blumen, die zu seinen Füßen blühen«, nannte Albert Einstein das, und Bertolt Brecht zog das Fazit: »Die Schwärmerei für die Natur kommt von der Unbewohnbarkeit der Städte.«

Neu ist dieses Thema keinesfalls: Schon vor Jahrhunderten suchten die Menschen literarisch – und vergeblich – nach der blauen Blume, dem legendären Symbol der Harmonie zwischen Mensch, Natur und Kosmos. Damals betrieb man diese Sinnsuche oft noch im Garten. Heute, wo die Balance zwischen natürlicher und artifizieller Umgebung komplett verlorenzugehen droht, haben Literatur und Politik andere Themen: Das Große, Globale, Bedeutende immer gern, das Kleine vor der Haustür – bloß nicht!

Jahrtausendelang, also nahezu die gesamte Menschheitsgeschichte über, sah man das völlig anders. Generationen unserer Vorfahren fühlten sich gleichzeitig ausgesetzt und geborgen in ihrer engsten Umgebung, und so war diese stets

ein großes Thema, im Alltag wie in der schriftlichen Überlieferung. Pflanzen und Tiere wurden personalisiert und spielten eine Hauptrolle auch in der Sprache: Wer Glück hatte, wuchs umhegt auf, hatte es rosig und behaglich. Wer weniger auf Rosen gebettet war, musste in den sauren Apfel beißen und endete entwurzelt. Selbst im Fortschrittsglauben der Aufklärung blieb die Literatur so tief im Garten verwurzelt, dass politische Vergleiche wie die eines Heinrich Heine ganz selbstverständlich aus ihm erwuchsen: »Niemand glaubt sich in einem Garten behaglich, der nicht einem freien Lande ähnlich sieht; an Kunst und Zwang soll nichts erinnern, wir wollen völlig frei und unbedingt Atem schöpfen.«
Mit dem Kulturbruch des Ersten Weltkriegs rissen auch in der Literatur viele alte Verbindungen ab. Nach Massenmord, Schützengräben und großer Ernüchterung hatte der Mainstream keinen Sinn und keine Zeit mehr für den nahen, feinen Mikrokosmos, wie Hermann Hesse 1928 einem Freund klagte: »Versuchen Sie es einmal und geben Sie einem amerikanischen Gegenwartsmenschen, für den ein gut lackierter Kraftwagen schon zur Welt des Schönen zählt – geben Sie einmal einem solchen vergnügten und genügsamen Halbmenschen versuchsweise Unterricht in der Kunst, das Sterben einer Blume, die Verwandlung eines Rosa in ein Lichtgrau, als das Lebendigste und Aufregendste, als das Geheimnis allen Lebens und aller Schönheit mitzuerleben. Sie werden sich wundern! Wenn jene anscheinend so robusten und verflucht gesunden Geld- und Maschinenmenschen glücklich noch eine Generation weiter vertrottelt sind, dann werden sie vielleicht Ärzte, Lehrer, Künstler und Magier halten und hoch bezahlen, welche sie wieder in die Geheimnisse des Schönen einführen.«

Genau da sind wir heute. Zu lange haben wir das Feld – oder vielmehr: den Garten – kampflos denen überlassen, die die Liebe zu Erde und Grün lautstark als »Blut und Boden«-Ideologie ausbeuteten und tief ins völkische Zwielicht zogen. Spätestens nach dem kollektiven Desaster des Nationalsozialismus war diese Liebe in Deutschland anrüchig, unmodern und irrelevant geworden. Wer sich hierzulande immer noch öffentlich dazu bekannte, Kraft und Vergleiche aus dem Garten zu schöpfen, tat das oft so leise und wehmütig wie Brecht in seinen *Buckower Elegien*: »Am See, tief zwischen Tann und Silberpappel / Beschirmt von Mauer und Gesträuch ein Garten / So weise angelegt mit monatlichen Blumen / Dass er vom März bis zum Oktober blüht. / Hier, in der Früh, nicht allzu häufig, sitz ich / Und wünsche mir, auch ich mög allezeit / In den verschiedenen Wettern, guten, schlechten / Dies oder jenes Angenehme zeigen.«

Anderswo, zum Beispiel in Großbritannien, sind Gärten populäre, hoch geschätzte Kulturgüter. Hierzulande jedoch werden Gärtner (gern mit abschätzigem Klein- davor genannt) immer noch als leicht abseitige Spießer oder manische Rasenmäher betrachtet, auf die man getrost herabsehen kann. Öffentliche oder kulturelle Wertschätzung bleibt dem Garten vorenthalten. »Die Natur ist als Quelle der Inspiration unübertroffen, und ich frage mich, wieso sie derart selten schöpferische Herrschaften verleitet, mit ihr selbst zu werken«, urteilt André Heller, gleich zwei eigenen botanischen Gärten eng verbunden. »Vielleicht weil gärtnerisches Arbeiten einer anderen und viel größeren Geduld als jener am Theater und vor der Staffelei bedarf. Vielleicht auch, weil man weder Rosen noch Efeu mit Charisma, mit Überzeugungsmacht, mit Geschenken, hohen Gagen und anderen

Verführungen und Tricks anspornen kann. Auch was Einkünfte und Ruhm betrifft, sind Gartenprojekte kompliziert. Sehr viel Zeit und ebensoviel Geld wird für etwas benötigt, das man nicht auf Tournee schicken kann, das ständiger Pflege bedarf, sich nicht zum Verkauf in Galerien eignet, wofür keine Nobelpreise und Lehrstühle verteilt werden und das der Kritik, wenn überhaupt, nur unter dem Stichwort ›verschroben‹ auffällt.«

Wir sprechen nicht mehr durch die Blume. So muss ein Gartenrundgang wie dieser, ein Streifzug durch Sprache und Sagen, Poesie und Literatur, in großen Teilen auch eine Reise in die Vergangenheit sein, zurück zu einer gewachsenen Verbindung, einer tiefen Liebe, die wir ausgerissen haben wie Unkraut. Nur im Garten selbst ist sie erhalten geblieben. Gärtner nämlich halten es mit Voltaire, der seinen Candide am Ende einer langen Sinnsuche allen Theoretikern entgegenhalten lässt: *Bien dit mais il faut cultiver notre jardin* – gut gesagt, aber wir müssen unseren Garten bestellen. Heute würden wir die blaue Blume dringender brauchen als je zuvor. Und während wir sie noch hektisch überall suchen, könnten es am Ende Gärtner sein, die sie finden.

Was übrigens das Suchen und Finden angeht: Die Stichworte am Eingang eines jeden Kapitels stammen aus dem Dudenkorpus, einer Sammlung aktueller Texte. Sie stehen für besonders häufige Verbindungen der jeweiligen Begriffe in unterschiedlichen Textsorten.

Apfel | Gattung: Äpfel *Malus*

rot, grün, golden, angebissen, schrumpelig

Er hat sich ein bisschen vorgedrängelt – und wenn einer das darf, dann er. Ihm steht die Ehre des ersten Kapitels zu, denn mit dem Apfel hat schließlich alles begonnen: »Gott, der Herr, ließ aus dem Erdboden allerlei Bäume wachsen, begehrenswert anzusehen und köstlich zu essen, in der Mitte des Gartens aber den Baum des Lebens und den Baum der Erkenntnis von Gut und Böse. Dann gebot Gott, der Herr, dem Menschen: Von allen Bäumen des Gartens darfst du essen, doch vom Baum der Erkenntnis von Gut und Böse darfst du nicht essen.« Bekanntlich ging das schief. Verführt von der listigen Schlange, »sah die Frau, dass es köstlich wäre, von dem Baum zu essen, dass der Baum eine Augenweide war und begehrenswert war, um klug zu werden. Sie nahm von seinen Früchten und aß; sie gab auch ihrem Mann, der bei ihr war, und auch er aß.«
Die Folgen sind bekannt: Die Menschheit flog aus dem Paradies, und die irdische Mühsal begann. Es war der sprichwörtliche biblische Sündenfall, mit dem die Christenheit anschließend auch noch buchstäblich veräppelt wurde. Dass nämlich die verbotene »Frucht« ein Apfel sein musste, stand für die frühen Bibelinterpreten fest. Was naheliegend war: Alles, was Frucht und rund war, lief damals im Deutschen unter dem Oberbegriff »Apfel«. Beim Bibelverständnis könnte überdies noch ein lateinisches Wortspiel eine Rolle gespielt haben: *Malus* mit kurzem a bedeutet »das Böse«, mit langem »der Apfel«. Botanisch ist es allerdings sehr viel wahrscheinlicher,

dass es sich beim biblischen Obst um eine Quitte, einen Granatapfel oder eine Feige gehandelt hat. Doch der Apfel war nun einmal die Frucht schlechthin, und jetzt hatte er für immer seine Rolle weg: Inbegriff des Verlockenden, Verbotenen, Verführerischen und natürlich auch des Erotischen. »Wie ein Apfelbaum unter den wilden Bäumen, so ist mein Freund unter den Söhnen. Ich sitze unter dem Schatten, des ich begehre, und seine Frucht ist meiner Kehle süß«, heißt es im biblischen *Hohelied.* Das Überreichen eines Apfels galt denn auch als eindeutiger Antrag. Auf unzähligen Gemälden, darunter mehrere von Lucas Cranach dem Älteren, lockt Eva ihren Adam mit einem prallen, saftigen Apfel. Das Sujet war nicht nur aus religiösen Gründen so beliebt, sondern ebenso, weil es einen unantastbar frommen Grund für die ansonsten verpönte Aktdarstellung bot.

Heine klagte eine vergeblich Geliebte dramatisch an: »Kennst du noch das alte Liedchen / Von der Schlang im Paradies, / Die durch schlimme Apfelgabe / Unsern Ahn ins Elend stieß? / Alles Unheil brachten Äpfel! / Eva bracht damit den Tod, / Eris brachte Trojas Flammen, / Du brachtst beides, Flamm und Tod.« Lessing dagegen sah das alles ziemlich locker: »Sein Glück für einen Apfel geben, / O Adam, welche Lüsternheit! / Statt deiner hätt ich sollen leben, / So wär das Paradies noch heut. / Wie aber, wenn alsdann die Traube / Die Probefrucht gewesen wär? / Wie da, mein Freund? Ei nun, ich glaube / Das Paradies wär auch nicht mehr.«

Die Verbindung zwischen Paradies und Apfel zogen auch die Kelten, deren heiliger Ort die Apfelinsel war: Avalon. Der Apfel selbst war ihnen das Symbol für den Kreislauf allen Lebens. Auch in vielen anderen Religionen ist die runde, scheinbar in sich ruhende Frucht Sinnbild der lebensspendenden Mutter Erde. Ein Brauchtum, für das auch der Reichsapfel steht, der Apfel und Weltkugel zum absoluten Herrschaftssymbol verbindet. Mithilfe eines Apfels demonstriert Schillers tyrannischer Landvogt Gessler seine Macht gegenüber dem Freiheitskämpfer Wilhelm Tell: »Nimm die Armbrust – / Du hast sie gleich zur Hand – und mach dich fertig, / Einen Apfel von des Knaben Kopf zu schießen – / Doch will ich raten, ziele gut, dass du / Den Apfel treffest auf den ersten Schuss, / Denn fehlst du ihn, so ist dein Kopf verloren.« Auch hier sind die historischen Folgen bekannt: der legendäre Apfelschuss, gefolgt von Tyrannenmord und der Gründung einer freien Schweiz.

Ein anderer sprichwörtliche Zankapfel, der, der den Trojanischen Krieg auslöste, gehört ebenso zur Apfel-Mythologie wie die goldenen Äpfel der Hesperiden, die »am westlichen Ende der Welt« von drei Nymphen und einem Drachen bewacht wurden. Doch auch diese südländischen »Goldäpfel« dürften eher Quitten gewesen sein. Tatsächlich um Äpfel geht es dagegen in der nordischen Variation dieser allgegenwärtigen Sage. Idun, die Göttin der Jugend und der Unsterblichkeit, »verwahrt in einem Gefäß die Äpfel, welche die Götter genießen sollen, wenn sie altern; denn sie werden alle jung davon«, heißt es in der *Gylfaginning*, der isländischen Saga. Da es auf Island keine Äpfel gab, wird vermutet, dass die Wikinger nicht nur die Früchte, sondern auch die Sage auf einem Raubzug nach Irland kennengelernt haben. Dort ist es Hisberna, die die gesundmachenden Äpfel hütet und mit Idun dasselbe Schicksal teilt: Die Göttinnen werden, der kostbaren Früchte wegen, entführt.

Der universelle Bezug zu Jugend und ewiger Gesundheit zeigt es deutlich: *An apple a day keeps the doctor away* galt

Inbegriff aller Versuchung: alte Apfelsorten. Dunkle Schalenpünktchen kennzeichnen die Edelsten unter ihnen, die Renetten. Deren Name ist vom französischen *reine*, Königin, abgeleitet.

3.
4.
c
d
e
7.
8.

offenbar schon vor Jahrtausenden – nur dass ein täglicher Apfel lange ein unvorstellbarer Luxus war. Die kostbaren Früchte blieben besonderen Gelegenheiten vorbehalten, galten zum Beispiel als kostbares Weihnachtsgeschenk für Kinder. Wie begehrenswert die knackigen, süßen Früchte sind, weiß auch die böse Königin, die im Märchen versucht, Schneewittchen zu töten: »Äußerlich sah er schön aus, weiß mit roten Backen, daß jeder, der ihn erblickte, Lust danach bekam, aber wer ein Stückchen davon aß, der musste sterben … Der Apfel war aber so künstlich gemacht, dass der rote Backen allein vergiftet war. Schneewittchen lusterte den schönen Apfel an, und als es sah, dass die Bäuerin davon aß, so konnte es nicht länger widerstehen, streckte die Hand hinaus und nahm die giftige Hälfte. Kaum aber hatte es einen Bissen davon im Mund, so fiel es tot zur Erde nieder.«
Heute ließe sich wohl kaum noch jemand mit einem Apfel verführen. Seine Kostbarkeit und Exklusivität hat er eingebüßt. Mit gut 25.000 Sorten stellt er etwa 70 Prozent der weltweiten Obsternte. Genormte Massenware, jederzeit und überall billig greifbar. Dennoch steht er immer noch für Verlockung, auf modernere Weise, nämlich als Markenzeichen: Die Metropole New York trägt den Spitznamen »Big Apple«. Apfelgöttin Idun leiht seit 1906 ihren Namen einer deutschen Versicherung: »Iduna«. »Apple Records« war die Plattenfirma der Beatles. Und auch beim Computerkonzern mit der angebissenen Frucht im Signet fiel der Apfel nicht weit vom Stamm: Der erste Mikrocomputer mit grafischer Benutzeroberfläche wurde von Steve Jobs nach einer alten Apfelsorte getauft: »McIntosh«.

Akelei | Familie: **Hahnenfußgewächse** *Ranunculaceae*

hochgeschlossen, hochgewachsen, zierlich, blau

Die Zeiten ändern sich, und die Metaphern mit ihnen. Würde man heute jemanden fragen, ob er auf der Suche nach der blauen Blume sei, würde man höchstens einen verständnislosen Blick ernten. Obwohl das Thema brandaktuell ist. Die blaue Blume stand in der deutschen Sprache lange für etwas, das uns heute abhandengekommen ist und das wir gerade krampfhaft wieder suchen: für die Verbindung, für den Konsens zwischen Mensch, Kultur und Natur. Der war allerdings immer nur ein Idealzustand, und so verkörperte die sagenhafte blaue Blume ebenso die ewige menschliche Sehnsucht nach dem Unerreichbaren, der perfekten Harmonie.

Es war Novalis, eigentlich Georg Philipp Friedrich von Hardenberg, der am Anfang des 19. Jahrhunderts alte Volkssagen von einer Wunderblume zu literarischem Ruhm erblühen ließ. Novalis starb 1801 mit 29 Jahren und hinterließ das Romanfragment *Heinrich von Ofterdingen*. Es handelt von einem sagenhaften Minnesänger, der seine Reise als Jugendlicher mit einer Vision beginnt. Ein Traum zur Sommersonnenwende führt ihn in eine magische Landschaft: »Was ihn aber mit voller Macht anzog, war eine hohe lichtblaue Blume, die zunächst an der Quelle stand, und ihn mit ihren breiten, glänzenden Blättern berührte. Er sah nichts als die blaue Blume und betrachtete sie lange mit unnennbarer Zärtlichkeit. Endlich wollte er sich ihr nähern, als sie auf einmal sich zu bewegen und zu verändern anfing; die Blätter wurden glänzender und schmiegten sich an den wachsenden Stängel, die Blume neigte sich ihm zu, und die Blütenblätter zeigten einen blauen ausgebreiteten Kragen, in welchem ein zartes Gesicht schwebte.«

Die deutsche Romantik hatte ihr Symbol gefunden. Geradezu zu einer Hymne dieser modischen Empfindsamkeit wurde Joseph von Eichendorffs Gedicht: »Ich suche die blaue Blume / Ich suche und finde sie nie / Mir träumt, dass in der Blume / Mein gutes Glück mir blüh / Ich wandre mit meiner Harfe / Durch Länder, Städt und Au'n / Ob nirgends in der Runde / Die blaue Blume zu schaun / Ich wandre schon seit lange / Hab lang gehofft, vertraut / Doch ach, noch nirgends hab ich / Die blaue Blum geschaut.«

Die Suche nach der blauen Blume ging schnell in die Umgangssprache ein. Immer mehr stand sie für die vergebliche Hoffnung schlechthin, mitunter auch für die politische. Heinrich Heine benutzte sie in einem späten Gedicht als Metapher für einen Kontrast zur Gegenwart, für die glückselige Wunderinsel Bimini: »Wunderglaube! Blaue Blume, / Die verschollen jetzt, wie prachtvoll / Blühte sie im Menschenherzen / Zu der Zeit, von der wir singen.«

Doch wer ist sie nun wirklich, die sagenhafte blaue Blume? Wer stand Modell für das Unerreichbare, für den erst literarischen, dann generellen Inbegriff menschlicher Sehnsucht? Die Wegwarte wurde da ins Spiel gebracht, und vor allem immer wieder die Kornblume. Novalis hatte nach dem Tod seiner Verlobten von einem Freund zum Trost gepresste Kornblumen bekommen. Die behalten auch trocken ihre blaue Farbe und mögen ihn inspiriert haben. So machte das gefürchtete Ackerunkraut plötzlich Karriere, wurde gar zur »preußischen Blume« geadelt. Kornblumen galten passenderweise als Lieblingsblumen von Kaiser Wilhelm I. und

Tiefblau, rätselhaft und romantisch: Im Zentrum steht die Wildform, *Aquilegia vulgaris.* Die gefüllte, spornlose Blüte links war schon damals im Garten beliebt und zeigt die Wandlungsfähigkeit der zarten Blume. | Albrecht Dürer, *Akelei* (1520); Wien, Graphische Sammlung Albertina wurden später Abzeichen deutschnationaler Verbände. Nur die blaue Blume, die waren sie eher nicht.

»Was war jene Blume, welche / Weiland mit dem blauen Kelche / So romantisch süß geblüht / In des Ofterdingen Lied?«, rätselte Heine. »Wars vielleicht die blaue Nase / Seiner mitschwindsüchtgen Base / Die im Adelsstifte starb? / Mag vielleicht von blauer Farb / Ein Strumpfband gewesen sein / Das beim Hofball fiel vom Bein / Einer Dame: – Firlefanz! / Honni soit qui mal y pense!«

Doch es gibt tatsächlich eine, die dem Mythos sehr nahekommt. Anders als Wegwarte und Kornblume blüht sie mittsommers. Anders als jene hat sie breite, glänzende Blätter und eine Blüte, die sich tatsächlich zierlich neigt und Novalis' Traumbild genau entspricht: »... ein blauer ausgebreiteter Kragen mit einem zarten Gesicht darin.« Anders auch als die Konkurrenz, die gerne in Massen auftritt, macht sie sich rar. In »Städten und Auen«, in denen Eichendorff sie vergeblich suchte, ist sie tatsächlich nicht zu Hause. Sie liebt, ebenso wie ihr literarisches Vorbild, Wälder und Waldränder. Es ist *Aquilegia vulgaris*, die Akelei, deren Wildform ein so tiefes, intensives Blau zeigt wie nur wenige andere Pflanzen und die längst in vielen Farben und Spielarten auch eine verbreitete Gartenblume geworden ist.

Ihren Namen verdankt sie angeblich ihrem schmalen, gekrümmten Blütensporn, der an Schnabel und Fänge eines Adlers erinnert. Das ist jedoch strittig. Hildegard von Bingen verwendete im 12. Jahrhundert zwar den althochdeutschen Namen *aglaia* oder *agleya*, aber wohl als Ableitung vom indogermanischen *ak*, das »spitz« oder »scharf« bedeutet. Der Bezug zu *aquila*, dem Adler, soll erst über ein Jahrhundert später von Bischof Albertus Magnus hergestellt worden sein.

Wie auch immer: Die Akelei hatte sich im Mittelalter längst in die Herzen und Gärten der Menschen geblüht. Wo immer sie auftaucht, da passt sie hin und ergänzt das Gartenbild auf bezaubernde Weise. Außerdem mutiert sie bereitwillig und es gibt sie in entsprechend vielen Farben und Formen. So konnten auch viele Künstler ihrem Charme nicht widerstehen: Die Buchmaler des 14. Jahrhunderts liebten die Akelei, auf mittelalterlichen Tafelbildern ist sie oft vertreten, und Albrecht Dürer malte 1526 sein berühmtes Aquarell der blauen Blume.

Ihr gesenkter Kopf wurde als Demutsgeste, gar als Melancholie interpretiert, und so taucht die Akelei oft als Marienblume oder Symbol der Demut Christi auf. Zum Sinnbild unterwürfiger Frömmigkeit eignet sie sich eigentlich denkbar wenig, im Gegenteil: Die Akelei ist eine auffallend fröhliche, selbstbewusste Pflanze, die unbekümmert durch den Garten vagabundiert, ein großer Fan der freien Liebe, und sieht mit ihrem Rüschenröckchen immer ein bisschen nach Party aus – so, wie es sich für den Frühsommer gehört. Ihr altitalienischer Name *Amor nascosto,* geheime Liebe, kommt der Wahrheit schon sehr viel näher. Auf Englisch heißt sie *columbine,* weil ihre Blütenblätter an zärtlich schnäbelnde Täubchen erinnern.

Auch Goethe war von der zwiespältigen Pflanze fasziniert: »Schön erhebt sich der Aglei und senkt das Köpfchen herunter. / Ist es Gefühl? Oder ist's Mutwill? Ihr ratet es nicht.« Natürlich nicht, denn warum sollte sie sich preisgeben? Sie ist schließlich ein Rätsel, ist unser aller tiefste Sehnsucht und ein ewiger Mythos: die blaue Blume der Romantik.

Aster | Gattung: **Astern** *Aster*

leuchtend, herbstlich, winterhart

»Astern – schwälende Tage, / alte Beschwörung, Bann, / die Götter halten die Waage / eine zögernde Stunde an.« Gottfried Benn brachte es auf den Punkt: Astern gelten als Symbol einer Zwischenzeit, als letztes Aufbäumen von Sommer und Leben gegen den unausweichlich nahenden Frost. Wieder und wieder erscheinen sie in der Literatur als Sinnbild des Vergehens, des nahen Endes, ja des Todes: »Schon mischt sich Rot in der Blätter Grün«, heißt es in Theodor Fontanes *Spätherbst,* »Reseden und Astern im Verblühn, / Die Trauben geschnitten, der Hafer gemäht, / Der Herbst ist da, das Jahr wird spät.«
Rilke, der Großmeister bedeutungsvollen Schwermuts, nutzt das Motiv lieber für einen elegischen Rundumschlag: »Jetzt reifen schon die roten Berberitzen, / alternde Astern atmen schwach im Beet. / Wer jetzt nicht reich ist, da der Sommer geht, / wird immer warten und sich nie besitzen. / Wer jetzt nicht seine Augen schließen kann, / gewiss, dass eine Fülle von Gesichten / in ihm nur wartet bis die Nacht begann, / um sich in seinem Dunkel aufzurichten: – / der ist vergangen wie ein alter Mann. / Dem kommt nichts mehr, dem stößt kein Tag mehr zu, / und alles lügt ihn an, was ihm geschieht; / auch du, mein Gott. Und wie ein Stein bist du, / welcher ihn täglich in die Tiefe zieht.«
Eine schwere emotionale Last für eine so unbekümmerte Pflanze. Astern verkörpern Vitalität gleich in doppelter Hinsicht: einmal mit üppigem Wachstum und leuchtenden Blü-

ten, zum anderen damit, dass sie viele Insekten mit reichlich Futter bestens auf den Winter vorbereiten. Sie sind wahre Schmetterlingsmagneten und holen nicht nur mit ihren Blüten, sondern auch mit den bunten Faltern einen fröhlichen Rest Sommer in jeden Garten. »Ein Asterngärtchen braust von Bienen und ist erfüllt mit buntem Schmetterlingsflug«, wusste Karl Foerster, einer der bedeutendsten Asternzüchter, aus Erfahrung. »Der Luxus des Hausgartens«, schrieb Johannes Roth in seiner *Gartenlust,* »beginnt bei der Asterrabatte, die mit einem zweiten Beet korrespondiert, jenseits des Rasens. Damit wir die Schmetterlinge fliegen sehen.«

Der virtuellen Aster nutzen solche Realitäten wenig. »Leise Trauer liegt auf allen Ersten und allen Letzten«, diktiert ihr der Philosoph Theodor Lessing. »Als Erste blühen die Kätzchen an der Trauerweide, als Letzte welken auf dem Friedhof die Schattenastern.«

Denen ist genau das geschehen, was Schauspieler als Typecasting so sehr fürchten: Astern werden immer und ausschließlich für dieselbe Rolle engagiert – für die der Melancholischen, von der akut bedrohten Herbstschönheit bis hin zum sinistren Todessymbol. Besonders deutlich wird das in Goethes *Wahlverwandtschaften*: »Diese Astern sahen immer noch still bescheiden vor sich hin, und was allenfalls davon zu Kränzen gebunden war, hatte zum Muster gedient, einen Ort auszuschmücken, der, wenn er zu irgendetwas genutzt werden sollte, nur zu einer gemeinsamen Grabstätte geeignet schien.« Kein gutes Vorzeichen für eine komplizierte Liebeskonstellation, und bald tauchen die unheilverkündenden Astern denn auch »in unmäßiger Menge« auf: »Alles, was im Herbst mit Blühen nicht enden kann und sich der Kälte noch keck entgegenentwickelt, Astern besonders, waren in der größten Mannigfaltigkeit gesät und sollten nun, überallhin verpflanzt, einen Sternenhimmel über der Erde bilden.« Liebe und Herbst, Astern, Kälte und Sternenhimmel – spätestens jetzt weiß der aufmerksame Leser: Das kann nicht gut gehen. Und es geht auch nicht gut: Als eine der Hauptfiguren, die junge Ottilie, schließlich an Liebe und Entsagung stirbt, setzt man ihr »einen Kranz von Asternblumen auf das Haupt, die wie traurige Gestirne ahnungsvoll glänzten«.

Natürlich ist das auch eine Anspielung auf den Pflanzennamen: »Aster« bedeutet »Stern«. Dazu gibt es die passende Legende: Ein Engel, so heißt es, habe dem kleinen Johannes, später Lieblingsjünger Jesu, diese blühenden blauen Sterne vom Himmel mitgebracht, um dem frommen Kind eine Freude zu machen. In Wirklichkeit kamen die ersten Astern aus Südeuropa in unsere Gärten, und dank ihrer robusten Vitalität verwilderten sie an vielen Orten. Ein regelrechter Boom brach aus, als im 17. Jahrhundert besonders attraktive Arten aus Nordostamerika importiert wurden. »Überaus schöne Blume«, heißt es 1773 über die »Sternkrautstaude aus Neuengland«, »welche die Blüte bis zu den stärksten Nachtreifen fortsetzt.« Heute gibt es eine unübersehbare Zahl von Züchtungen, in Weiß, Rosa, Purpur und allen Blau- und Violetttönen, mit Blütezeit von Mai bis November.

Doch es gibt keine Gedichte über Mai-Astern. Sie bleiben beschränkt auf Abschied und Vergänglichkeit. Es ist wohl kein Zufall, dass sie zum Ende eines Zeitalters, in den Herbstjahren der Belle Époque, besonders oft auftauchen: »Komm in den totgesagten park und schau«, schreibt 1898 Stefan George, »Der schimmer ferner lächelnder gestade / Der reinen wolken unverhofftes blau / Erhellt die weiher und die bunten pfade … / Vergiss auch diese letzten astern nicht / Den purpur um die ranken wilder reben / Und auch was übrig blieb von grünem leben / Verwinde leicht im herbstlichen gesicht.« 1912 dann, zwei Jahre vor Ausbruch des Ersten Weltkriegs, hatte die Aster einen aufsehenerregenden, provozierenden Auftritt inmitten fiebriger literarischer Endzeitstimmung. Die Verbindung mit dem Tod war längst konventionell, neu war die Drastik der Schilderung. Gottfried Benn, ein damals 25-jähriger Arzt, verstörte mit seinem ersten Gedichtband *Morgue* – Leichenschauhaus: »Ein ersoffener Bierfahrer wurde auf den Tisch gestemmt. / lrgendeiner hatte ihm eine dunkelhellila Aster / zwischen die Zähne geklemmt. / Als ich von der Brust aus / unter der Haut / mit einem langen Messer / Zunge und Gaumen herausschnitt, / muss ich sie angestoßen haben, denn sie glitt / in das nebenliegende Gehirn. / Ich packte sie ihm in die Brusthöhle / zwischen die Holzwolle, / als man zunähte. / Trinke dich satt in deiner Vase! / Ruhe sanft, / kleine Aster!« Diese kleine Aster brachte, wie erhofft, den Riesenskandal, der Benns Durchbruch als Dichter bedeutete.

Eine Menge Morbides um eine arglose kleine Blume, die genaugenommen nichts Unheilvolleres tut, als unsere Gärten spät im Jahr noch einmal richtig zum Leben zu erwecken. Vielleicht ist es nach so viel Drama höchste Zeit, Theodor Storms Rat zu folgen: »Und sind die Blumen abgeblüht, / So brecht der Äpfel goldne Bälle; / Hin ist die Zeit der Schwärmerei, / So schätzt nun endlich das Reelle.«

Biene | Familie: **Bienen** *Apiformes*

summen, schwärmen, tanzen, brummen

Sie ist Mythos und Mysterium zugleich: Immer und überall galt die Biene als Wunder, Rätsel und Vorbild. Bienen sind seit etwa neuntausend Jahren Haustiere; gezähmt oder gar domestiziert wurden sie jedoch nie. Die Lebensdauer der Einzelbiene ist kurz, ihr Volk dagegen existiert ewig. Die kleinen Tiere verfügen gemeinsam über schier unglaubliche Ressourcen: eine Schwarmintelligenz vom Feinsten, eine ausgefeilte Sprache aus Lauten, Bewegungen und Düften und einen verblüffenden Orientierungssinn. Bienen errichten – und das im sprichwörtlichen Stockdunkel – enorm tragfähige, statisch ausgefeilte, exakt symmetrische Wabenkonstruktionen. »Eine Biene beschämt zwar durch den Bau ihrer Wachszellen manchen menschlichen Baumeister«, meinte Karl Marx. »Was aber von vornherein den schlechtesten Baumeister vor der besten Biene auszeichnet, ist, dass er die Zelle in seinem Kopf gebaut hat, bevor er sie in Wachs baut.« Das ist zwar eine Grundlage von Marx' Arbeitsphilosophie, doch ein völlig schiefer Vergleich: Bienen stellen jeden menschlichen Baumeister locker damit in den Schatten, dass sie allen Baustoff im eigenen Körper produzieren können. Sie entsprechen also, wie ein heutiger Wissenschaftler schrieb, einem menschlichen Architekten-Maurer, der überdies noch Ziegelsteine aus den Rippen schwitzen kann.

»Wer seinen Wohlstand vermehren möchte, der sollte sich an den Bienen ein Beispiel nehmen«, erkannte Siddhartha Gautama, der Begründer des Buddhismus. »Sie sammeln den Honig, ohne die Blumen zu zerstören.« Bereits für die Steinzeit, vor etwa 12.000 Jahren, ist für Europa Kontakt zwischen Mensch und Biene belegt, und der war für beide Seiten schmerzhaft: Ein spanisches Höhlenbild zeigt eine Frau, die, umsummt von gereizten Insekten, einen Bienenstock plündert. »Alle Heiden … umgeben mich wie Bienen«, greift die Bibel das Motiv des wütenden Schwarms auf, »im Namen des Herrn will ich sie zerhauen.«

Honig war lange Gold. Der einzige bekannte Süßstoff, Inbegriff des Begehrenswerten und Kraftbringenden. Seine Sonderrolle hat er in der Sprache bis heute behalten: Rund um den Globus wird etwas besonders Köstliches, Bezauberndes als honigsüß bezeichnet. »Deine Lippen, Geliebte, sind wie triefender Honigseim«, singt etwa der biblische König Salomo. »Ein Land, darinnen Milch und Honig fließt«, war den Auserwählten versprochen. Im alten Israel wurden Mädchen, die besonders stolz und tapfer werden sollten, auf den Namen der Biene getauft: Deborah.

Die Imkerei genoss hohen Status, und viele ihrer Begriffe gingen in die Alltagssprache über. Das Loch im hohlen Baum, in dem das Bienenvolk hauste, hieß zum Beispiel »Beute«. Wer es ausräumte, erbeutete also eine besondere Kostbarkeit. Das Wort »aufbrausen« bezeichnet das wütende Surren, mit dem ein gestörtes Bienenvolk reagiert. Der Honigmond heißt so, weil Honig als besonders wirksames Aphrodisiakum galt und für den ersten Monat der Ehe empfohlen wurde. Daher auch der englische Kosename *honey*. Der griechische Liebesgott Amor tauchte seinen Pfeil in Honig und symbolisierte so Schmerz und Süße der Liebe gleichermaßen. »Nichts gleicht der Seele so sehr wie die Biene«, lautet ein Fazit von Victor Hugo, »sie fliegt von Blüte zu Blüte wie die Seele von Stern zu Stern, / und sie bringt den Honig heim wie die Seele das Licht.«

Noch kostbarer war das Wachs, ein Superbaustoff, der nur einen Nachteil hat: Er schmilzt bei hohen Temperaturen. »Mein Herz ist in meinem Leibe wie zerschmolzen Wachs,« klagt ein biblischer Psalm. Die Bienen wissen um die Gefahr und kühlen ihre Waben bei Hitze mit Wasser, das sie in *beeline*, in gerader Linie, vom nächsten Gewässer herbeitragen. Menschen mussten es auf schmerzliche Weise lernen, wie der griechische Sagenheld Ikarus, dessen Flügel aus Federn und Bienenwachs ihn zwar hoch hinaus zur Sonne trugen, in deren Hitze aber schmolzen und ihn in den grausamen Tod stürzen ließen. Glücklicher war Odysseus; dessen Mannschaft rettete Bienenwachs vor den tödlichen Sirenengesängen: »Aber steure du vorbei und verklebe die Ohren der Freunde / Mit dem geschmolzenen Wachse der Honigscheiben, dass niemand / vom anderen sie höre.« Die christliche Kirche sah die Biene als Gottesdienerin: In Kerzen löste sich ihr Wachs in Licht auf, ein sublimiertes Symbol der Reinigung und Erleuchtung, das bis heute wichtiger Bestandteil kirchlicher Liturgien ist.

Ohne Bienen keine Schriftsprache oder Kommunikationstechnik: Lange wurden in Europa Notiztäfelchen aus Wachs benutzt, geschützt von Holzrahmen und Lederhülle. In dieses Smartphone des Altertums kratzte man die ersten schriftlichen Überlieferungen ein. Rätselhaft wie die sonstigen Fähigkeiten der Biene war den Menschen auch ihr Sexualleben. Dass es überhaupt stattfand, dass die Bienenkönigin zu einem einzigen Hochzeitsflug aufbricht, von dem sie genug Sperma für jahrelanges Eierlegen mitbringt, blieb den Menschen lange verborgen. So erklärte Imker und

Süße und Schmerz: Amor, der von den Bienen bestrafte kleine Honigdieb, bietet Mutter Venus die Chance zu einer verführerischen Pose – und das moralisierende Sujet dem Künstler die Möglichkeit zur sonst verpönten Aktdarstellung. | Lukas Cranach der Ältere, *Venus mit Amor als Honigdieb* (1530); New York, Metropolitan Museum of Art

Kirchenvater Augustinus unfreiwillig komisch: »Sie kennen keine Männer, die Blume ist ihr Bräutigam.«
Keusch, selbstlos und unermüdlich arbeitsam – so gesehen wurde das Insekt zum Rollenvorbild für Generationen braver deutscher Hausfrauen. Und nicht nur für sie: Mächtigen aller Zeiten galt das Bienenvolk als Projektionsfläche, als Beispiel des perfekten Zusammenlebens von Herrscher und Untertanen. Pharaonen erkoren Bienen zu ihrem Wahrzeichen, der Krönungsmantel Napoleon Bonapartes war mit ihnen bestickt. Die jahrtausendealte Vorstellung, dass ein so effizientes Volk nur einem männlichen Weisen – der denn auch in einer »Weiselzelle« geboren wurde – gehorchen konnte, führt in die Irre: Bienen leben im Matriarchat. Auch als frühe Kommunisten, als Gesellschaftsideal mussten die kleinen Hautflügler oft herhalten. So propagierte der französische Schriftsteller Émile Zola: »Wir werden nur geboren, um eine Biene im Bienenkorb zu sein, um eine Sekunde lang unsere kleine Kraft mit den anderen Kräften zu vereinigen. Jede andere Erklärung ist hochmütig und falsch. Unsere eigenen Existenzen dienen nur zur Vorbereitung des allgemeinen Lebens der Zukunft. Es ist kein Glück denkbar, wenn wir es nicht im gemeinschaftlichen Glück der ewigen, gemeinsamen Arbeit suchen.« Eine Einstellung, die später im »Du bist nichts, dein Volk ist alles« brauner und roter Diktatoren auf die Spitze getrieben wurde. In Wirklichkeit verdankt die Biene ihren Erfolg weniger blinder Selbstaufopferung als einem ausgefeilten, ineinandergreifenden Teamwork, das heute prompt als Musterbeispiel für modernes Management wiederentdeckt worden ist. Als Rätsel und Rollenvorbild wird uns die Biene also auch weiterhin erhalten bleiben – wenn sie nicht vorher ausstirbt.

Buchs | Gattung: **Buchsbäume** *Buxus*

immergrün, robust, kugelig

Es war eine Sprache ohne Worte, aber dafür eine umso unmissverständlichere. Als Übermittler diente der Buchsbaum. Gestutzt und gestylt zierte der dunkelgrüne Strauch die Schlossgärten des Barock, und seine Botschaft war eindeutig: Nichts mehr mit freier Natur – auch die ist Untertanin des allmächtigen Souveräns. *L'état c'est moi:* ein Herrschaftsmotto ins Botanische übersetzt.
Absolutistische Herrscher waren nicht die Ersten, die ihre auserwählten Residenzen mit Buchsbaum schmückten. Das hatte lange vor ihnen ein Höherer getan. In der Bibel, im alttestamentarischen Buch Jesaja, spricht Gott: »Die Herrlichkeit des Libanon soll an dich kommen, Tannen, Buchen und Buchsbaum miteinander, zu schmücken den Ort meines Heiligtums.« Ein immergrüner Strauch, der hilft, ein dürres Land in jeder Beziehung fruchtbar zu machen, war schon damals ein Symbol göttlicher Macht: »Auf dass man sehe und erkenne, dass des Herrn Hand habe solches getan.«
Buxus sempervirens ist ein großer Strauch, unter günstigen Bedingungen sogar ein kleiner Baum, heimisch in Mittel- und Südwesteuropa, Nordafrika und Westasien. Er wächst sehr langsam und ist dafür, mit einer Lebensdauer von bis zu 600 Jahren, nahezu unsterblich. Sein Holz reift zum schwersten und festesten aller europäischen Baumarten heran. Besonders begehrt wurde dieser kostbare Rohstoff für Drechslerarbeiten. Daher das Wort »Büchse«: Die wurde aus Buchs-Holz hergestellt. Sogar der Pfeil des sagenhaften

Liebesgottes Amor, so heißt es, bestand aus dem schönen, honiggelben Holz des Buchsbaums.
Nicht nur für die Liebe, auch für die Kulturgeschichte und die Kommunikation hat das wertvolle Holz eine große Rolle gespielt. Als im 7. Jahrhundert in China die Druckerkunst entwickelt wurde, waren die Druckstöcke aus Buchsbaum gefertigt – eine Tradition, die weltweit bis in unsere Tage fortgeführt wurde. Minerva, die römische Göttin, schnitzte angeblich ihre Flöte aus dem harten Holz. Das lateinische *Buxus* stand denn auch nicht nur für den Strauch, sondern auch für Flöte, Schreibtafel und Kamm. Dass viel später der Hammerstiel der Freimaurer aus Buchsbaumholz bestand, war ein Zeichen für den Willen und die Kraft der Kultur.
Buchs, mit seinen winterharten Blättern als »immergrünes Licht« verehrt, repräsentierte den Sieg des Grüns über den Winter, des Guten über das Böse, die Hoffnung auf ewiges Leben durch ständige Erneuerung. Er wurde als Garant für Schutz, Gnade und Klarheit betrachtet. In Hieronymus Bocks Kräuterbuch von 1541 sind es Buchsbaum und Hahn, die als vereinte Glückssymbole den Satan buchstäblich zum Teufel jagen. Friedhöfe wurden mit Buchs eingezäunt, um böse Geister fernzuhalten, und auch aufs Grab wurde er den Verstorbenen mitgegeben, um Liebe über den Tod hinaus zu bezeugen. Dass er im antiken Griechenland dem Totengott Hades geweiht war und auch dessen Unterwelt schmückte, hatte allerdings einen sinistren Doppelsinn: Buchs ist in allen Teilen giftig, sehr giftig sogar; er enthält mehr als 70 Alkaloide. Wenn Hermann Hesse von einem Wiedersehen mit dem Garten seiner Kindheit erzählt: »Ich nagte jetzt an einem Buchsbaumzweig, den ich mir abgerissen hatte, er schmeckte bitter und würzig«, kann es sich da nur um ein

winziges Zweiglein gehandelt haben. Sonst hätte er, statt von der bitteren Melancholie des Vergangenen, von Brechdurchfall und Krämpfen zu berichten gehabt.
Die ganz große Zeit des kleinen Strauchs begann mit der Wiederentdeckung des Formschnitts in der Renaissance. Diese Bildersprache war eine jahrtausendealte Kunst, in Ägypten, Persien und dem alten Rom gleichermaßen beliebt. Plinius der Jüngere beschrieb für den Garten seiner Villa »eine Terrasse, umgrenzt von einer Hecke aus Buchs, die mit verschiedenen Formen verziert ist. Von dort führt ein Hang bergab, gesäumt von einander gegenüberstehenden Tierpaaren aus geschnittenem Buchs.«
Es war Claude Mollet, der Hofgärtner des französischen Königs Henri IV., der die uralte Tradition wiederzubeleben und fortzuentwickeln begann. Pflanzungen geschnittener italienischer Zypressen erwiesen sich jedoch als Fiasko: Sie waren nicht winterhart. Als Mollet stattdessen Buchs benutzen wollte, stieß er auf naserümpfende Ablehnung, »weil wenige Personen von Rang Buchsbaum in ihren Gärten haben wollten«. Doch Mollet setzte sich durch und benutzte den Strauch als geschnittene Beeteinfassung und lebendes Ornament. Er holte den Buchs aus der Kulisse mitten auf die Bühne und machte den Garten-Proleten zum Adligen, den Nebendarsteller zum Star: Broderien, wie gestickt wirkende Beete mit immer komplizierteren Arabesken aus geschnittenem Buchsbaum, wurden der letzte Schrei an allen Höfen Europas. Diese Gartenform erreichte ihnen Höhepunkt im Barock, als lebender Ausdruck des Absolutismus.
Zur Zeit von André le Nôtre, dem Gartenarchitekten des Sonnenkönigs, stand die Gartenkunst erstmals gleichberechtigt neben der Architektur, wurden in Versailles Schloss

und Garten als Einheit geplant: Alles lief auf das königliche Zentrum zu, alles bog sich in Demut zu Füßen des Allerhöchsten. Stumme Sprache, totale Unterwerfung, der sogar die Natur sich nicht widersetzen konnte. Diese Botschaft konnte der Buchs umso klarer vermitteln, als er sich als der ideale Untertan erwies: Egal, wie hart er behandelt wurde, er entzog sich nie. Stattdessen fügte er sich jedem Zurechtstutzen und trieb brav immer wieder aus. Der Buchs stand auf dem Höhepunkt seiner Karriere, doch nicht jedem gefiel die europaweite Mode. Lieselotte von der Pfalz urteilte 1719 über die Gärten von Versailles: »Was natürlich ist, gefällt mir besser als alles, was die Künste und Magnifizenz erdenken können. Solche Sachen taugen nur im ersten Anblick, sobald man's aber gewohnt ist, denkt man nicht mehr dran, und was noch mehr ist, wird man bald müde. Aber natürlich Wasser, Wiesen und Wälder kann ich mein Leben nicht müde werden.« Der Herzog von Saint Simon wurde noch deutlicher: »Die Gewalt, die der Natur angetan wird, ist abstoßend.«

Als die Aufklärung auch diese Natur aus den absolutistischen Fesseln befreite, war die Zeit der ständig gezüchtigten Ornamente vorbei. Als nonverbale Sprache aber ist Buchsbaum bis heute verständlich geblieben: In seinem 2011 erschienenen, prämierten Bilderbuch *Grandpa Green* lässt der amerikanische Künstler Lane Smith einen kleinen Jungen erzählen, wie er buchstäblich in den Erinnerungen seines Urgroßvaters spielt. Der schneidet für seine Nachkommen alles in Buchs, Kindheit und Krieg, Liebe und Familie – ein lebendes grünes Gedächtnis: »Er erinnerte sich immer an alles. Jetzt ist er ziemlich alt und vergißt manchmal Dinge wie zum Beispiel seinen Strohhut. Doch alles Wichtige erinnert für ihn der Garten.«

Christrose | Art: Christrose *Helleborus niger*

winterlich, weiß, elegant

»Ich möchte wissen, warum ich Winterblumen so liebe, und vielleicht weiß ich es auch. Ich habe ein Grauen vor allem, was zu Ende geht, vor jedem Abschied, vor jeder Art des Sterbens. Die unumstößliche Kurve der Natur, die so tapfer ansteigt und so schmählich abfällt, hat für mich etwas Grauenerregendes. Ich will, dass mein Garten nie aufhört zu blühen. Der Gedanke ist mir unerträglich, dass er eine Stätte sein soll, die nur in den hellen Monaten bewohnt ist.«
Was der britische Autor Beverley Nichols hier beschreibt, ist die Wurzel des einmaligen Zaubers, der von Winterblumen ausgeht: Sie widersetzen sich der »unumstößlichen Kurve der Natur«. Sie leben, wenn alles rundum tot ist. Am eindrucksvollsten verkörpert den Aufstand gegen das scheinbar Unumstößliche die Schneerose, deren makellos weißer, schimmernder Stern aus fünf Blütenblättern tatsächlich dem Kelch einer wilden Rose ähnelt. Ein helles, zart duftendes Wunder in der düstersten Jahreszeit. So lag es nahe, ihr Erscheinen mit der Geburt Jesu Christi in Verbindung zu bringen und sie Christrose zu taufen. Eine passende Legende behauptet, der Trierer Mönch Laurentius habe bei einer winterlichen Waldwanderung die weiße Blüte entdeckt und in ihr die wahrgewordene Prophezeiung des Propheten Jesaja erkannt: »Doch aus dem Baumstumpf Isais (Jesse, Vater König Davids) wächst ein Reis hervor, ein junger Trieb aus seinen Wurzeln bringt Frucht.« So nahm er die Blüte mit und dichtete, sozusagen zusammen mit ihr, um 1599

eines der bis heute bekanntesten Weihnachtslieder: »Es ist ein Ros' entsprungen / aus einer Wurzel zart, / Wie uns die Alten sungen, / von Jesse kam die Art, / Und hat ein Blümlein bracht, / mitten im kalten Winter, / wohl zu der halben Nacht. / Das Blümelein, so kleine, / das duftet uns so süß / mit seinem hellen Scheine / vertreibt's die Finsternis.«

Laurentius kann die Christrose tatsächlich schon gekannt haben. Bereits 1532 berichtete der Theologe und »Vater der Botanik« Otto Brunfels, dass man die »Christwurz« oder »Nieswurz« »yetzundt in die Gärten pflanzt«. Nieswurz heißt die Pflanze, weil ihr zerriebener Wurzelstock heftig zum Niesen reizt und daher im Schnupftabak beliebt war. Ein nicht ganz ungefährlicher Spaß: Die Christrose gehört zu den giftigsten Pflanzen Europas. Ihr Gattungsname Helleborus ist da ganz deutlich: *Helleborio* bedeutet im Griechischen »verrückt« und soll aus *helein* für töten und *bora* für Speise zusammengesetzt sein – eine tödliche Speise also. Als gefährliche, leise Mörderin taucht sie auch in der Dichtung auf: In Christoph Martin Wielands *Totengesprächen* zum Beispiel wünscht sich der mit ewigem Durst und Hunger geschlagene Tantalos: »Hätte ich nur gleich einen tüchtigen Schluck Helleborus, ich wollte ihn gewiss nicht verschmähen!«

Helleborus kann aber ebenso gut heilen wie töten und war jahrhundertelang ein bewährtes Medikament. »Drei Tropfen machen rot, zehnTropfen machen tot«, lautete die Regel früher Ärzte. Und auch Severus Snape weiß Bescheid: Harry Potter bekommt Ärger mit seinem unheimlichen Zaubertranklehrer, als er vergisst, dem »Trunk des Friedens« die genau zwei Tropfen Nieswurzsirup zuzugeben, die helfen, ohne gefährlich zu werden. Eine reine, moderne Erfindung ist Snapes »Draught of Peace« übrigens nicht. J. K. Rowling

Kühl, abweisend und mächtig: die Christrose *(Helleborus niger)*. Den Namen »Schwarze Nieswurz« verdankt sie ihren schwarz gefärbten, früher als Zusatz zum Schnupftabak beliebten Wurzeln.

bezieht sich hier wie oft auf uralte literarische Vorbilder: Schon in Ovids *Metamorphosen* wird berichtet, dass ein Ziegenhirt drei Königstöchter heilte, die hilflos auf einer Wiese herumirrten, weil sie sich einbildeten, Kühe zu sein. Ein Nieswurzelaufguss in Milch machte diesem frühen Fall von Rinderwahn ein Ende – und zwar ausnahmsweise ein glückliches.

Es konnte wohl nicht ausbleiben, dass eine derart potente Pflanze schon in der klassischen Antike als Kriegswaffe entdeckt wurde. Auch der Vorwand für die Auseinandersetzung war klassisch: Es ging um Religion. Um 600 vor Christus kontrollierte die kleine Stadt Cirrha die Wege zur Orakelstätte von Delphi, belegte Passanten mit Wegzöllen und raubte sie, wenn man schon einmal dabei war, rundum aus. Solon, der Herrscher Athens, ließ Cirrha daraufhin belagern – und zwar geschlagene sechs Jahre. Am Ende setzte er Chemiewaffen ein, bis die Belagerten sich erst über- und dann ergeben mussten: Er versetzte das Flüsschen, aus dem die Belagerten ihr Trinkwasser gewannen, mit reichlich Christrosenwurzeln aus den umliegenden Bergen. »Nachdem die Kirrhaier, erfreut über den Wasserzufluss, reichlich davon getrunken hatten, bekamen sie so heftige, unaufhörliche Durchfälle, dass sie die Bewachung der Mauern aufgeben mussten«, überliefert der antike Historiker Pausanias. »So unterlagen sie.«

Die Christrose wurde immer mit einer gewissen mythischen Scheu betrachtet. Sie gehörte zu den Pflanzen, die in ihrer kühlen Einzigartigkeit Distanz hielten und forderten, galt doch der Tod als ihr enger Vertrauter: »Tochter des Walds, du Lilienverwandte«, dichtete Eduard Mörike. »So lang von mir gesuchte, unbekannte, / Im fremden Kirchhof, öd und

winterlich, / Zum ersten Mal, o Schöne, find ich dich! / Von welcher Hand gepflegt du hier erblühtest, / Ich weiß es nicht, noch wessen Grab du hütest; / Ist es ein Jüngling, so geschah ihm Heil, / Ist's eine Jungfrau, lieblich fiel ihr Teil. / Schön bist du, Kind des Mondes, nicht der Sonne. / Doch kindlich zierst du, um die Weihnachtszeit, / Lichtgrün mit einem Hauch dein weißes Kleid. / Der Elfe, der in mitternächtger Stunde / Zum Tanze geht im lichterhellen Grunde, / Vor deiner mystischen Glorie steht er scheu.«
Diese mystische Glorie der Christrose soll einst sogar einen widerspenstigen Germanenfürsten bekehrt haben: Er beschied sein frommes Töchterlein barsch, er werde erst an den Christengott glauben, wenn Blumen in Winter wüchsen. Prompt brachte ein Engel der braven kleinen Helga Christrosen, die sie unter dem Fenster des Häuptlings einpflanzte – und ruckzuck fand der hartnäckige Heide angesichts dieses Wunders zum wahren Glauben.
Ein anderer, viel späterer Souverän nutzt die Christrose als knallharte Botschaft – jedenfalls bei Gotthold Ephraim Lessing. In dessen Gedicht *Im Namen eines gewissen Poeten, dem der König von Preußen eine goldene Dose schenkte* heißt es: »Die goldne Dose, – denkt nur! denkt! – / Die König Friedrich mir geschenkt / Die war – was das bedeuten muss? – / Statt voll Dukaten, voll Helleborus.«

Dünger

wertvoll, wirkend, stinkend

»So eine Ladung Mist ist am schönsten, wenn sie an einem frostigen Tage gebracht wird … (Der Gärtner) schnuppert wie eine Naschkatze und verteilt diese Gaben Gottes im ganzen Garten, als wenn er einem Kind ein Brot mit Marmelade bestreicht. Hier, mein Kleiner, lass es dir schmecken! Dafür, dass Sie so hübsch und bronzefarben geblüht haben, gebe ich Ihnen, liebe Mme Herriot (Kletterrose), einen ganzen Haufen; du, mein liebes Mutterkraut, bekommst hier diesen Pferdeapfel, und dir, fleißig blühender Phlox, lege ich etwas braunes Stroh hin.«

Eine tiefe, eine archaische Freude. Karel Čapek, der tschechische Schriftsteller, der nicht nur ein leidenschaftlicher Gärtner war, sondern auch das Wort »Roboter« für technische Intelligenz erfand, teilt hier eine ebenso archaische Erkenntnis mit dem Kollegen aus der Bibel. Da nämlich sagt der Gärtner über einen kümmerlichen Feigenbaum: »Herr, lass ihn dieses Jahr noch stehen; ich will den Boden um ihn herum aufgraben und düngen.« Uraltes Wissen: Was die Pflanzen dem Boden nehmen, muss er zurückbekommen. Dünger herzustellen und zu verteilen war immer eine der grundlegenden Gärtneraufgaben. »Aus Erde bist du gekommen, zu Erde sollst du wieder werden«, spiegelt die kirchliche Liturgie das Schicksal jedes einzelnen Lebewesens. Das des gesamten Planeten hängt am Humus, an der dünnen, fruchtbaren Schicht organischer Erde, die ihn bedeckt. Diese Fruchtbarkeit selbst herzustellen, indem dem Boden Mist,

Asche und andere organische Reste zugeführt werden, ist die Grundlage jeder Kultur, seit die Menschen überhaupt sesshaft wurden. Gärtner, die sich vor dieser schweren, schmutzigen Arbeit drückten, hatten keine Aussicht auf Erfolg: »Härte deine Hände ab bei der Gartenarbeit!« schrieb der Abt Walahfrid Strabo um 840: »Scheu dich nicht, den Ackerboden zu berühren! Zier dich nicht, den Mist körbeweise auf der hungrigen Erde zu verteilen.«

Die hungrige Erde liebt es besonders, wenn dieser Mist und andere organische Stoffe abgelagert und schon möglichst weit zu fruchtbarem Humus zersetzt, also zu Kompost geworden sind. Jahrhundertelang war ein gut funktionierender Komposthaufen der Stolz eines Gärtners, egal ob Profi oder begeisterter Amateur: »Ein wahrer Gärtner ist nicht ein Mann, der Blumen kultiviert«, schrieb Čapek; »er ist ein Mann, der die Erde kultiviert ... Wenn er in den Garten Eden kommt, würde er aufgeregt schnuppern und sagen: ›Oh Gott, was für ein Humus!‹« Kompost hat in seiner ewigen Verwandlung, in seinem Kreislauf zwischen Abgestorbenem und frischem Leben, etwas nahezu Mystisches. Er ist Memento mori und Neuanfang zugleich, als »Seele des Gartens« bezeichnen ihn manche Autoren. Außerhalb der Fachwelt trägt den Gärtnern das kultische Kompostieren eher den Ruf kauziger Dreckwühler ein – ein ewiges Missverständnis, ein sachliches ebenso wie ein sprachliches: »Ich hasse es«, schrieb die britische »Kräuterhexe« Bridget Boland, »wenn das Wort ›erdig‹ im Sinne von ›dreckig‹ gebraucht wird. Erde ist sauber, und sie ist schön, und Hände und auch Stiefel, die damit bedeckt sind, sind nur so, wie sie sein sollten. Ich finde es herrlich, an einem warmen Tag meine Hände in die Erde zu stecken und zu fühlen, wie lebendig sie ist, so lebendig wie jede Blume und jedes Tier, sie pulsiert beinahe. Ich liebe es, ihr Nahrung zuzuführen, und mein Gewissen, das mich manchmal daran hindert, Pflanzen zu kaufen, kann nicht ein Wörtchen anbringen, wenn es sich darum handelt, Dünger zu kaufen.«

Was auf eigenem Mist gewachsen ist, muss einfach gut sein, wie auch viele Sprichwörter belegen: »Gut gedüngt ist halb gewachsen«, »Mist ist des Bauern List«. Es gibt aber noch ganz andere Listen, wie Boland überliefert: »Eine Freundin schrieb mir, dass ihre Mutter mehr Speisen, als sie je ihrer Nachkommenschaft zukommen ließ, auf einen Markkürbis zu verschwenden pflegte, mit dem sie einen Preis zu gewinnen hoffte. Sie stand in heftigem Wettstreit mit dem Pfarrer der Episkopalkiche und meinte, der wäre mithilfe des Gebetes sowieso im Vorteil. Als sie den Preis gewann, erklärte die Mutter zufrieden: ›Beten ist ganz gut, aber es geht eben nichts über Hackfleisch!‹«

Da gab es auch einen Gottesmann, »der das Geheimnis nicht preisgeben wollte, wie er so fabelhafte Rosen zog. Bis ihn schließlich einige Damen in die Enge trieben und durch Einschüchterung dazu brachten, einzugestehen: ›Ich vergrabe eine Katze unter jedem Rosenstrauch.‹« Ein buchstäblich todsicheres, uraltes Rezept: Fell, Muskeln, Blut und Knochen liefern kombiniert alle Nährstoffe, die eine Pflanze braucht. Heute kauft man so etwas pulverisiert als organischen Dünger, in archaischen Zeiten gab es da ganz andere Quellen. Schon die Krieger der Bibel drohten ihren Feinden, ihre erschlagenen Leichname als Dünger zu verwenden, wahlweise mit ihrem Blut die Felder zu tränken – eine sehr reale Drohung, die sich durch alle Zeiten hielt. Und zwar bis heute: In der Marseillaise, der 1792 geschriebenen französischen

Nationalhymne, heißt es über die Feinde des Vaterlandes: *Marchons! Marchons! Qu'un sang impur abreuve nos sillons* – »bis unreines Blut unserer Äcker Furchen tränkt«.
Eine weniger martialische Variante dieses Themas schildert Walter Kempowski. In seinem Roman *Aus großer Zeit* pflegt ein hanseatischer Großkaufmann hingebungsvoll ein betuliches Ritual, symbolisch für eine geruhsame Zeit, die bald die »gute alte« heißen würde: »Ganz hinten im Garten steht eine Tonne mit Blut und Gedärmen vom Schlachter. Das gärt und stinkt, das schlägt direkt Blasen. Wenn das Wetter nach Regen aussieht, geht Herr de Bonsac mit eiligen, gewichtigen Schritten nach hinten und schöpft Blut in die Gießkanne. Wasser obendrauf, tüchtig umrühren und dann zu den Obstbäumen tragen. Oh, das wird den feinen Haarwurzeln guttun, wie werden sie gierig den Nährwert aufsaugen.«
Es war dann Beverley Nichols, der eine tiefere, eine abschließende Verbindung zog, nachdem er feststellen musste, dass ein bildschöner Weinstock seine ganze Pracht stinkender Gülle verdankte: »›Jauche!‹ dachte ich. Ich schauderte. Dann überlegte ich, dass es närrisch sei. Entstehen nicht alle schönen Dinge aus dem Schmutz? Ist nicht Dünger letzten Endes der Ursprung aller Dichtkunst? Schmutz und Schönheit haben mehr Gemeinsames als bloße Alliteration.«

Efeu | Gattung: **Efeu** *Hedera helix*

ranken, wuchern, klettern, winden

Tristan und Isolde – eine große, eine tödlich endende Liebe. Immer wieder beschrieben, von mittelalterlichen Legenden bis hin zu Richard Wagners Oper. Um das Paar noch im Tod zu trennen, so lautet die Sage, wurde es auf verschiedenen Seiten einer Kirche beigesetzt. Aus beiden Gräbern wuchs ein Efeu, erklomm das Kirchendach, und die Ranken verschlangen sich hoch oben in einer unlösbaren Umarmung. So viel der Efeu auch beschnitten wurde, immer wieder verband er Tristan und Isolde noch über den Tod hinaus. Was auch Grundlegendes über den Efeu verrät. Erstens: Er kann klettern wie kaum ein Zweiter – jede Höhe, jede Breite, jedes Hindernis. Zweitens: Er kommt, um zu bleiben, und lässt sich, hat er einmal Fuß gefasst, kaum noch unter Kontrolle bringen. Drittens: Er hat ein überaus einnehmendes Wesen – was er hat, das hat er, und hält sich daran eisern fest. Und schließlich viertens: Er ist romantisch – und wie!

»Eine graue Burgruine steht im Abendsonnenglanz, Efeu webt, der immergrüne, um die Trümmer seinen Kranz. / Und ein Sänger mit der Zither wandelt singend durch das Tor, die Gestalten kühner Ritter ruft er aus der Gruft hervor. / Und der Sage Wunderblüte flicht sich in des Liedes Strauß. Sonne, Efeu, Sang und Myrte / Zaubern jung das alte Haus«, beschwor Ludwig Bechstein im 19. Jahrhundert die romantischen Bilder herauf, die so unbedingt zum Efeu gehören. »Sang«, Poesie also, wird von jeher besonders eng mit ihm in Verbindung gebracht: Dichter wurden mit Efeu bekränzt, und in der Antike war er eine heilige Pflanze der Musen und der Götter des Weines. So war auch Efeu bei rauschenden Trinkgelagen immer mit von der Partie: als Kranz, der den Kopf kühlen sollte, als symbolische Zierde auf Trinkgefäßen, als Büschel an Wirtshaustüren, und auch hinterher, wenn der Kater so richtig zuschlug. »Efeublätter gestoßen mit Essig und ein wenig Rosenwasser dazu genommen, ist ein köstlich Arznei für das grausam Hauptweh«, überliefert der Kräuterkundige Hieronymus Bock 1577 ein damals schon uraltes Rezept.

Efeu, zäh und immergrün, ist auch ein Symbol ewigen Lebens und daher eine bis heute beliebte Friedhofspflanze. Im frühen Christentum zierte er Sarkophage, im Mittelalter Kirchen und Kathedralen. Die Minneliteratur liebte ihn als Zeichen ewiger Liebe, Gartenfreunde als Inbegriff attraktiv melancholischer Romantik. Mit den englischen Landschaftsgärten kam Efeu in ganz Europa groß in Mode, gern malerisch um künstliche Ruinen und Grotten geschlungen. Im viktorianischen England liebte man Broschen mit umgestürzten, efeuumrankten Bäumen und der Inschrift: »Nichts kann mich von ihm trennen.«

Die Verbindung zwischen dem Efeu und seinem Wirtsbaum ist ambivalent. Der Schlinger passt sich zwar geschmeidig an, kann durch seine schiere Fülle und seinen festen Griff aber durchaus auch überwältigen und töten. Was sich natürlich für Allegorien geradezu anbietet: Goethe schildert in seinem *Amyntas* die Zwiespältigkeit einer so innigen Symbiose: »Runzle die Stirne nicht tiefer, mein Freund, und höre gefällig, / Was mich gestern ein Baum, dort an dem Bache, gelehrt. / Wenig Äpfel trägt er mir nur, der sonst so beladne; / Sieh, der Efeu ist schuld, der ihn gewaltig umgibt. / Und ich fasste das Messer, das krummgebogene, scharfe, / Trennte schneidend, und riss Ranke nach Ranken herab; / Aber ich schauderte gleich, als, tief erseufzend und kläglich, / Aus den, Wipfeln zu mir lispelnde Klage sich goss: / O verletze mich nicht! den treuen Gartengenossen.«

Da blieb es nicht aus, dass Efeu und Eiche im 18. und 19. Jahrhundert zum Sinnbild der Beziehungen zwischen Mann und Frau wurden. Der berühmte Pädagoge Johann Heinrich Campe gab 1789 den Ton an: »Er ist die Eiche, sie der Efeu, der einen Teil seiner Lebenskraft aus den Lebenskräften der Eiche saugt, der mit ihr in die Lüfte wächst, mit ihr den Stürmen trotzt, mit ihr steht und mit ihr fällt – ohne sie ein niedriges Gesträuch, das von jedem Vorübergehenden zertreten wird.« Zwar waren da grundlegende Irrtümer im Spiel: Efeu »saugt« nichts aus seinen Partnerbäumen, er benutzt sie nur als Klettergerüst. Und zum Zertretenwerden ist er viel zu zäh. Doch wen interessieren botanische Tatsachen, wenn die Aussage so schön griffig ist? »Der uralte Schatz an Gleichnissen, Bildern und Sprichwörtern des Volkes, Lyrik und Epik, dieser Niederschlag männlicher Auffassung, hatte auch den Frauen selbst den rankenden Efeu am festen Stamm als Symbol für die Geschlechter fest eingeprägt«, urteilte die Frauenrechtlerin Helene Lange über die Mädchenerziehung im deutschen Kaiserreich. »Efeu / und ein zärtlich Gemüt, / heftet sich an / und grünt und blüht. / Kann es weder Stamm / noch Mauer finden, / es muss verdorren, / muss verschwinden«, hatte vorher Goethe gemeint. Hier irrt der gärtnernde Dichter: Efeu verschwindet keineswegs. Er überlebt die meisten Bäume, ist ein kräftiger und vitaler Bodendecker und kommt bestens als Solist klar, bis er die nächste Kletterhilfe erreicht hat. Worauf Max Frisch anspielt, wenn er seinen *Homo faber*

Rätselhaftes Immergrün: In diesem Verwandlungsspiel dient der Efeu als Winter- und Lebenssymbol. Auch die Zitronen sind doppeldeutig – einmal brauchen sie tatsächlich Kälte, um zu reifen, zum anderen liebte der Auftraggeber, Kaiser Maximilian, exotische Botanik. | Giuseppe Arcimboldo, *Der Winter* (1563); Wien, Kunsthistorisches Museum

über eine Geliebte sagen lässt: »Ivy heißt eigentlich Efeu, und so heißen für mich eigentlich alle Frauen.«
Das Bild von der schmiegsamen, abhängigen Frau an der stolzen deutschen Eiche war einprägsam genug, um lange meinungsbildend zu bleiben, wenn es auch schon 1897 in einem pädagogischen Handbuch hieß: »Das allbeliebte und viel missbrauchte Bild von der Eiche, an der liebevoll der Efeu sich emporrankt, hat die Poesie in unseren Tagen eingebüßt: Es fehlt die genügende Anzahl sicherer und starker Eichen in deutschen Landen.« Viele Frauen waren ihrer Rank-Rolle ohnehin längst überdrüssig: »Ich habe das abgenutzte Bild vom Efeu und der Eiche noch nie leiden können!«, trumpft schon 1866 die Heldin eines Trivialromans, Eugenie Marlitts selbstbewusste und tüchtige *Goldelse,* auf.
Im Jahre 1894 forderte Wilhelm II., Deutscher Kaiser und König von Preußen, seine Untertanen im »Kampfe für Religion, für Sitte und Ordnung, gegen die Parteien des Umsturzes« auf, es dem Rankgewächs gleichzutun: »Wie der Efeu sich um den knorrigen Eichenstamm legt, ihn schmückt mit seinem Laub und ihn schützt, wenn Stürme seine Krone durchbrausen, so schließt sich der preußische Adel um mein Haus.« Heinrich Mann griff diesen allerhöchsten Ausspruch satirisch auf, wenn sein prototypischer *Untertan* bei einer Denkmalsweihe den Souverän anhimmelt: »Seine Persönlichkeit ist stark genug, dass wir allesamt und efeuartig an ihr emporranken können!«
Kaiser und Patriarchat sind längst versunken, nur der Efeu treibt gelassen weiter seine Ranken. Für ihn waren all das nur kurze Episoden in einem langen Leben: Wenn ihm kein Grünflächenamt in die Quere kommt, schafft er locker 500 Jahre.

Eibe | Gattung: **Eiben** *Taxus*

Nadel, Beere, Gift

»›Ich verfolgte die Fußspuren in der Taxusallee. Sir Charles lag auf dem Gesicht, seine Arme waren gestreckt, seine Finger in das Erdreich gekrallt, und seine Züge waren so furchtbar verzerrt, dass ich ihn kaum wiedererkannte. Ich sah Spuren, ein kleines Stück entfernt, frisch und deutlich.‹ ›Fußspuren?‹ ›Fußspuren.‹ ›Von einem Mann oder einer Frau?‹ Mortimer sah uns einen Augenblick mit einem seltsamen Ausdruck an. Dann sagte er leise, fast flüsternd: ›Mr. Holmes, es waren die Spuren eines riesengroßen Hundes.‹«

Auftritt eines der klassischen Ungeheuer der Literaturgeschichte: der Hund der Baskervilles, den Sherlock Holmes und Dr. Watson in einem ihrer berühmtesten Fälle zur Strecke bringen. Einer der wichtigsten, stimmungsbringenden Mittelpunkte der Handlung ist die Eibenallee im Garten von Baskerville Hall, »zwei undurchdringliche, über drei Meter hohe Taxushecken«. Hier, in einem »langen, düsteren Weg zwischen den geschorenen Hecken«, hetzt der Höllenhund mit den flammenden Augen sein Opfer in den Tod.

Ein mit Bedacht gewählter Schauplatz: Eiben stehen nicht nur in Baskerville Hall für den Weg ins Jenseits. Sie gehören zu den gefürchtetsten, unheimlichsten Bäumen überhaupt. In der Literatur sind sie oft Todessymbole: Der Zauberstab, mit dem Lord Voldemort, der mörderische schwarze Magier der Harry-Potter-Reihe unter anderem seine eigene Familie umbringt, besteht aus Eibenholz. Schon die Sprache ist verräterisch: Für die Eibe gibt es kaum regionale Bezeichnungen.

Sie ist ein Gehölz, das sich jede Familiarität verbittet. Eine Eibe duzt man nicht. Sie verlangt Respekt und Abstand und hat beides auch immer bekommen. Mit ihren dunkelgrünen Nadeln ist sie schon an sich düster und steht auch noch am liebsten im Schatten. Unter eine alte Eibe zu treten ist wie ein Schritt in eine andere Welt, dunkel, kühl und auf seltsame Weise ehrfurchtgebietend. Ihr ist regelrecht anzumerken, dass sie über enorme Kräfte verfügt: Sie ist immergrün und uns mit einem Lebensalter von Jahrtausenden unvorstellbar weit überlegen. »Eiben bleiben«, heißt es im Volksmund.
Vor allem aber: Die Eibe ist giftig. So giftig, dass sich da kaum ein anderes Gewächs unserer Breiten mit ihr messen kann. Wenige Gramm ihrer Nadeln genügen, um einen Menschen qualvoll ins Jenseits zu befördern. Schon in der Antike war sie ein beliebtes Mittel für Mord und Selbstmord. Julius Cäsar berichtet in seinem *Gallischen Krieg,* dass sich Caturvolus, ein Herrscher der Eburonen, durch das Gift der Eibe, die in Gallien und in Germanien in großer Menge wachse, getötet habe, als die römischen Eroberer siegreich vordrangen.
Doch die Eibe konnte nicht nur töten, sondern auch gegen das Böse schützen: Sie galt als Welten verbindender heiliger Baum. An Versuchen, sich ihre stumme Kraft zum Verbündeten zu machen, hat es denn auch nie gefehlt. Amulette aus Eibenholz waren begehrt: »Vor Eiben kein Zauber kann bleiben.« Auf Friedhöfen wurden Eiben gepflanzt, um die Toten sicher ins Jenseits zu geleiten. In Großbritannien zeugen heute noch tausendjährige und sogar ältere Wächterbäume von dieser Tradition, von der immergrünen Brücke zwischen Tod und Leben. In Shakespeares *Romeo und Julia* sagt Romeos Diener Balthasar: »Derweil ich unter dieser Eibe schlief, träumt ich, mein Herr und noch ein anderer föchten, und er

erschlüge jenen.« Das spielt auf den uralten Glauben an, dass das Schlafen unter einer Eibe Halluzinationen und sogar den Tod bringen könne. Was lange als Mythos abgetan wurde, bewies am Ende die Wissenschaft des ausgehenden 20. Jahrhunderts: An warmen Tagen sondert die Eibe tatsächlich ein gasförmiges, halluzinogenes Toxin ab. Auch die Hexen aus *Macbeth* benutzen in ihrem Zaubertrank »Eibenreis, vom Stamm gerissen / In des Mondes Finsternissen«.
Den Germanen war dieser Baum so heilig, dass er in ihrer Schriftsprache ein eigenes Zeichen erhielt: die Rune Eihwaz. Sie stand auch für den Stamm des Weltenbaumes Yggdrasil. Yggdrasil, Verkörperung der Schöpfung, Mittelpunkt allen Seins, wird als »wintergrüne Nadelesche« beschrieben, was bedeutet, dass das Zentrum der Welt eher eine Eibe als eine laubabwerfende Esche gewesen sein dürfte.
Ursprünglich war die Eibe ein sehr häufiger Waldbaum, heute steht sie am Rande der Ausrottung. Zum Verhängnis wurden ihr weder Klimawandel noch Waldsterben, sondern lange vor unserer Zeit ihr elastisches und dennoch hartes Holz. Es ist ideal für Bögen, und so übertrafen sich in Mittelalter und früher Neuzeit Könige damit, ihre Armeen mit mörderisch effizienten Langbögen auszustatten. Diesem Wettrüsten fielen die Eibenwälder Europas zum Opfer. Ihr langsames Wachstum konnte mit dem Raubbau nicht mithalten; die Bestände haben sich nie erholt.
Bereits im 19. Jahrhundert war die Eibe selten. Das änderte ihr Image deutlich: Statt als sinistere Todesboten wurden alte Eiben jetzt als romantische Zeugen ferner Zeiten betrachtet. »Die Eib / schlägt an die Scheibe / Ein Funkeln / im Dunkeln / Wie Götzenzeit, wie Heidentraum / blickt ins Fenster der Eibenbaum«, schrieb Theodor Fontane. In seinen

Wanderungen durch die Mark Brandenburg überliefert er die Geschichte eines etwa 500 Jahre alten Eibenbaumes, der damals im Hof des Preußischen Herrenhauses in Berlin stand. Als das Gelände noch ein Privatgarten gewesen war, hatten die jungen Preußenprinzen ihn oft besucht: »Der Kronprinz liebte diesen Garten ganz ungemein; er wurde ein bevorzugter Spielplatz von ihm, und der alte Taxusbaum musste herhalten zu seinen ersten Kletterkünsten. Der Prinz vergaß das dem alten Eibenbaume nie. Wer überhaupt dankbar ist, ist es gegen alles, Mensch oder Baum.« 1852 zog das Preußische Oberhaus an diesen Ort um: »Niemand ahnte Böses. Da ergab sich's, dass die Räumlichkeiten nicht ausreichten, und ein großes, neu zu errichtendes Hintergebäude sollte den fehlenden Raum schaffen. Soweit war alles klipp und klar, wenn nur der Eibenbaum nicht gewesen wäre. Der bereitete Schwierigkeiten, der ›beherrschte die Situation‹. Einige, mutmaßlich die Baumeister, wollten zwar kurzen Prozess mit ihm machen und ihm einfach den Kopf vor die Füße legen. Aber die hatten es sehr versehen. Sie erfuhren bald zu ihrem Leidwesen, welch hohen Fürsprecher der Baum an entscheidender Stelle hatte.«
Der Kronprinz, inzwischen König Friedrich Wilhelm IV., intervenierte energisch für seinen Freund, den Baum. Es wurde überlegt, die uralte Eibe mit riesigem Aufwand zu versetzen, was sich aber als unmöglich erwies. »Da unser Freund nicht in der Lage war, sich den Baumeistern zu bequemen, so blieb diesen nichts übrig, als ihrerseits nachzugeben und die Mauer des zu bauenden Hauses an dem Baume entlang zu ziehen. Man hat ihm die Mauer empfindlich nahe gerückt, aber der Alte, über Ärger und Verstimmung längst weg, reicht ruhig seine Zweige zum Fenster hinein. Ein Gruß, keine Drohung.«

Gegen die Drohungen des 20. Jahrhunderts half dem alten Baum dann kein mächtiger Freund mehr: Die lebende Verkörperung preußischer Geschichte ist inzwischen tot. Im Gebäude des Herrenhauses tagt heute der Bundesrat. In seinem Garten stehen, als Referenz an Fontanes mythischen alten Riesen, zwei junge Eibenbäume.

Fritillarien | Gattung: **Fritillarien** *Fritillaria*

selten, seltsam, reizend

Schon ihr Name gebietet Respekt: Kaiserkrone. Hochgewachsen und mit flammenfarbenen Blütenglocken überstrahlt sie alles im Frühlingsgarten. Einziger Makel: Die majestätische Erscheinung stinkt, und zwar beträchtlich. Ein Karrierehindernis war dieses Odeur von ungeputztem Raubtierkäfig aber nie. *Nobody is perfect* und *Fritillaria imperialis* einfach zu eindrucksvoll, um im Verborgenen zu blühen. Sie kam, sah und siegte.

Eine wie sie kam natürlich nicht ohne eine passende Legende daher: In ihrer Heimat Persien soll es einst eine junge Königin gegeben haben, deren Schönheit ihren Gemahl zu unbegründeter Eifersucht veranlasste. Er jagte sie fort, und trostlos weinend lief sie immer weiter. Dort, wo sie schließlich vor Erschöpfung niedersank, verwandelte sie sich in eine herrliche Blume. Eine Sage, die auf die hellen »Tränen« anspielt, die auffälligen Nektartropfen, die tief im Kelch der Kaiserkrone glänzen.

Anders als bei den anderen Lilien hängen ihre Blüten als Glocken herab und geben so Stoff für ein christliches moralisches Lehrstück: Nach dieser Legende soll die Kaiserkrone einst, schneeweiß und mit stolz hochgereckten Blüten, im biblischen Garten Gethsemane geblüht haben. Als Jesus dort verhaftet wurde, neigten alle Blumen trauervoll ihre Häupter, nur die hochmütige Weiße nicht. Bis sie, nach der Kreuzigung Christi, aus Scham tief errötete und fortan beschämt die Glocken hängen ließ.

Gleich einer ihrer ersten europäischen Auftritte war royal. Perser und Türken hatten sie längst in ihre Gärten geholt, und Gesandte brachten sie an den Wiener Hof. 1576 blühte sie erstmals im Garten des Kaisers Maximilian und wurde *Corona imperialis* getauft, Krone des Imperiums oder Krone des Kaisers. Mit so einem Namen waren Ruf und Karriere gemacht. Sie wurde Modepflanze und Lieblingsmotiv der Blumenmalerei, zum Beispiel im *Kaiserkronenstrauß* des flämischen Malers Jan Brueghel der Ältere. Im England der Tudor-Ära war die *Crown Imperial* heißbegehrt, sogar Shakespeare erwähnt sie seinem *Wintermärchen:* »Die Kaiserkrone, Lilien aller Art ... Hätt' ich die, Dir Kron' und Kranz zu flechten, süßer Freund.«
Ende des 16. Jahrhunderts prunkten Kaiserkronen schon überall in barocken deutschen Fürstengärten. Der Hamburger Dichter und frühe Aufklärer Barthold Hinrich Brockes nutzte ihren Star-Status für ein moralisch-politisches Lehrstück an die Obrigkeit: »Es sieht die holde Kaiser-Crone / Von ihrem hoch-erhab'nen Throne / Beständig auf die Erd' herab / Die ihre Wieg' und auch ihr Grab / Ach mögten doch von Ihren Höhen / Die Fürsten so herunter sehen! / ... Der bitter-süssliche Geruch / So aus den Kaiser-Cronen quillt / Ist ein mit Lehr' erfülltes Bild / Dass auch der allerhöchste Stand / Mit Bitterkeit oft angefüllt. / Auf dieser Bluhmen Cronen-Spitzen / Sieht man ein Büschel Gras nicht ohn Bedeutung sitzen / Ach dächten doch die Großen dieser Erde / Bey dieser Bluhm', an ihre Flüchtigkeit / Und dass auch Gras, nach kurzer Zeit / Gecrön'te Häupter decken werde!«
Zu den ungekrönten Häuptern, in die Gärten der Bürger und später der Bauern, kam die Kaiserkrone erst im Laufe des 18. und 19. Jahrhunderts, und ihr Image wandelte sich dabei

vom Elitären ins Romantisch-Elegische, wie in Eichendorffs berühmtem Gedicht *Der alte Garten:* »Kaiserkron und Päonien rot / Die müssen verzaubert sein / Denn Vater und Mutter sind lange tot / Was blühn sie hier so allein?«
Ganz allein traf sie hundert Jahre später die britische Schriftstellerin und Gärtnerin Vita Sackville-West in einer abgelegenen Schlucht im Iran: »Die Kaiserkronen standen fackelähnlich zwischen den nassen Felsen, in einsamer Verschwendung neben dem unbegangenen Weg. Wie vornehm sie aussahen! Wie würdig ihres Namens! Kaiserkronen – wahrhaftig, sie glichen einem orangefarbenen Diadem, schön genug, um die Stirn eines Herrschers zu schmücken. Heute verbinde ich ihren Anblick nicht mehr mit dem Gedanken an die Bordüren mittelalterlicher Stickereien. Ich sehe die kaiserlichen Wildlinge in ihnen, die ich durch Zufall in einer dunklen Schlucht in den persischen Bergen fand.«
Ein Wildling, wenn auch ein oft im Garten kultivierter, ist auch die kleine Schwester der Kaiserkrone, *Fritillaria meleagris,* die Schachblume. Dass die grazile, zarte, etwa 30 Zentimeter hohe Pflanze auf den ersten Blick weniger spektakulär erscheint als ihre große Verwandte, ist ein Eindruck, der täuscht. Die Schachblume ist ein Wunder. Sie ist die Pflanze, die es eigentlich überhaupt nicht geben dürfte. Ihre hängenden Blütenglocken sind nämlich das lebende Gegenbeispiel zum alten Biologielehrerspruch: »In der belebten Natur gibt es keinen rechten Winkel!« Doch: Die Schachblume zeigt ihn, wenn auch nicht auf allen Blüten gleich perfekt. Bei diesen kleinen Individualisten gleicht keine der hängenden Glocken genau der anderen. Einige Exemplare zeigen ein eher legeres rotviolettes Tupfenmuster auf hellem Untergrund, andere tatsächlich den akkuraten Neunzig-Grad-Winkel eines

Schachbretts – ein Design, das sich bei keinem anderen Lebewesen dieser Erde wiederfindet. Weshalb es gerade diese eigenwillige Blüte als Einzige zeigt, ist ihr Geheimnis.
Der Name der Art stammt vom lateinischen *fritillius,* das Würfelbecher oder Spielbrett bedeutet, während *meleagris* sich vom griechischen »Perlhuhn« ableitet und auf die Tupfen der Schachblume hinweist. Auf der Frühlingswiese, zwischen Löwenzahn und Sumpfdotterblume, wirkt so ein Design exotisch: »Düster und fremdartig, die nattergefleckte Blume«, dichtete Vita Sackville-West, »in stumpfem Purpur geschweift, ägyptischen Mädchen gleich / mit fremder Farbe, matt, dunkel und bizarr … Und vor dem Feld englischer Kaiserkronen weich ich zurück / Bevor es zu spät ist, bevor ich vergesse / Das Kirschenweiß in den Wäldern und die milchigen Wolken / Und die Kiebitze, die frei und hoch überm Pfluge schrei'n.«
Doch die Schachblume ist längst eine Einheimische. In der Literatur taucht sie etwa um die gleiche Zeit auf wie die Kaiserkrone, und auch sie wurde ein Liebling der Barockgärten und Pflanzenmaler. An ihren wenigen Wildstandorten, bevorzugt auf nassen Wiesen, tritt sie in Massen auf – ein spektakulärer Anblick: »Sie wirft einen rosenroten Schleier über das Gras«, schrieb Sackville-West, »so, als fiele die Dämmerung ein unter einer Gewitterwolke, die vor der untergehenden Sonne steht.« In Deutschland gibt es solche Schachblumenwiesen an der Elbmündung, in Großbritannien wurde der eindrucksvolle Fritillarienbestand am Magdalen College in Oxford *a kind of cult.* Was umso näher liegt, als die gartenverrückten Briten die ebenso anmutige wie einmalige Kleine immer heiß geliebt haben, ganz besonders zu Tudorzeiten. Es war denn auch William Shakespeare, der sie 1592 in die

Literaturgeschichte eingehen ließ. Am Ende seines Versdramas *Venus und Adonis* verwandelt sich der von einem Wildschwein getötete Adonis in eine Schachblume: »Um diese Zeit, gleichwie ein Rauch, zerfloss / Der tote Knab', und ward nicht mehr entdeckt; / Und aus dem Blute, das umherstand, schoss / Auf eine Purpurblume, weiß gefleckt. / Ganz seinen Wangen glich sie und dem Blute, / Das rund in Tropfen auf den weißen ruhte.«

Gartenweg

fegen, schlendern, durchschreiten, verzücken, verharren

»Der Weg ist das Ziel« – das angebliche Konfuzius-Zitat ist mittlerweile zur Phrase geworden. In der Werbung ist es ebenso beliebt wie beim Motivationstraining, und wer ganz entspannt im Hier und Jetzt wirken will, streut es gerne mal ein. Doch ist man wirklich schon am Ziel, sobald man unterwegs ist? Im Garten jedenfalls ist das so. Da gibt es nämlich Gartenwege, und wer die zu nutzen versteht, braucht für Erfahrung und Erleuchtung nicht erst in entlegene Weltgegenden zu reisen.
Natürlich hat so ein Weg auch eine praktische Seite: Er gehört zu dem, was einen Garten von einer Wildnis unterscheidet. »Die freie, unberührte Natur kennt keine Wege«, stellt ein altes Gartenbuch ebenso richtig wie philosophisch fest. »In Wald und Feld ist jeder Zoll Erde dicht mit Pflanzen bedeckt. Es ist also jeder Weg als Produkt der Tätigkeit des Menschen aufzufassen, und da es keine solche ohne einen bestimmten Endzweck gibt, führt jeder Weg durch Wald und Wiese, jeder Gang durch den Garten zu einem Ziel. Jede Wegbiegung soll, wenn keine andere Ursache für dieselbe zu finden ist, gleichsam dem Wunsche entspringen, eine vor uns liegende schöne Naturszenerie von verschiedenen Seiten zu betrachten. Hierin liegt die Kunst des Gärtners, dass jede Wendung ein neues, schönes Gartenbild dem Auge vorführt.«
Gartenwege haben über Jahrtausende alles gesehen: Aussaat und Ernte, stolze und niedergeschlagene Gärtner, Besucher aller Couleur. Sie waren Schauplatz zahlloser Liebschaften,

auch tragischer: Auf einem passend idyllischen Gartenweg beschwatzt Goethes Faust das arme Gretchen, flirtet Marthe Schwertlein parallel mit dem Teufel. Weltgeschichtliche Dramen haben sich hier abgespielt: In den nächtlichen Gärten von Versailles, auf knirschenden Kieswegen, geriet der französische Kardinal Rohan 1784 in die Fänge einer Schwindlerbande, die ihm eine verkleidete Prostituierte als Königin Marie Antoinette präsentierte. Folge war die berüchtigte Halsbandaffäre, ein Vorspiel der Französischen Revolution, die König und Königin am Ende um Thron und Kopf brachte.

Gartenwege haben also ihren Zweck, ihre Geschichte und ihre Geschichten, doch ihr eigentlicher Sinn liegt jenseits des Praktischen: Sie verbinden Gärtner und grünes Revier – und das in jeder Beziehung. Sie dienen dem rituellen Rundgang, jenem archaischen Ritual, mit dem ein Garten angemessen gewürdigt und zelebriert wird. Da geht es nicht etwa um Kontrolle und einzelne Fragen wie »Sind Blattläuse an den Rosen?« oder »Kann man die Kartoffeln ernten?« Es geht um etwas völlig anderes: um eine klitzekleine, aber umso intensivere Reise. Es geht um Neugier und Entdecken, um Euphorie und Niedergeschlagenheit, also letztlich immer auch um Selbsterkenntnis. Im Laufe eines einzigen Rundgangs schwankt die Stimmung zwischen himmelhoch jauchzend (die erste Rose blüht) und zu Tode betrübt (die Nacktschnecken haben die Lilienknospen ausgefräst). Man kann selig die Nase in der Rosenblüte versenken und sofort danach ingrimmig zum Schneckenmord schreiten. Langeweile gibt es nie. Selbst in einem winterlich kahlen Garten lohnt die Suche nach den ersten grünen Spitzchen; lassen auch die auf sich warten, wächst da immerhin noch das eine: Hoffnung.

Dieses von Gärtnern aller Zeiten und Kulturen geteilte Ritual ist jedoch nicht ganz so simpel, wie es klingt. Gartenrundgang will verstanden sein, denn Fehler lauern überall. Goethe beschreibt den ersten von ihnen: »Es ist erfreuend und belehrend, unter einer Vegetation umherzugehen, die uns fremd ist. Bei gewohnten Pflanzen ... denken wir zuletzt gar nichts, und was ist Beschauen ohne Denken?« Übersetzt: Der eigene Garten ist derart zur Gewohnheit geworden, dass er nur noch oberflächlich wahrgenommen wird. Eine klassische Geringschätzung des Vertrauten, die einen um viel Vergnügen bringen kann. Schade eigentlich.

Ein Beispiel, wie man buchstäblich danebengeht, liefert Rainer Maria Rilke: »Ich geh jetzt immer den gleichen Pfad: / am Garten entlang, wo die Rosen grad / Einem sich vorbereiten; / aber ich fühle: noch lang, noch lang / ist das alles nicht mein Empfang, / und ich muss ohne Dank und Klang / ihnen vorüberschreiten. / Ich bin nur der, der den Zug beginnt, / dem die Gaben nicht galten; / bis die kommen, die seliger sind, / lichte, stille Gestalten, / werden sich alle Rosen im Wind / wie rote Fahnen entfalten.«

Rilke führt hier den Kardinalfehler vor: Er geht diesen Pfad mit sozusagen vorgefasster Meinung, mit festem Ziel. Was ihn prompt davon ablenkt, auch nur zu bemerken, wie viele »Gaben« überall auf ihn warten. Vielleicht blüht noch eine letzte Akelei, vielleicht duftet es nach weißem Jasmin – ein Gartenweg, auf dem es absolut nichts zu sehen, zu fühlen oder zu riechen gibt, existiert nicht. Man muss Rilke allerdings eines zugutehalten: ohne den Pfad-Frust gäbe es ein symbolschwangeres Gedicht weniger.

Wilhelm Busch, weniger weltgewandt, aber mit einem umso schärferen Auge begabt, wusste dagegen genau, in was für einen faszinierenden Mikrokosmos er eintauchte. Er gab offen zu, seine Ferien auf dem Gartenweg zu verbringen: »Ich war immer daheim, grub, krautete, stocherte, handhabte die Gießkanne, besah alles, was wuchs, tagtäglich genau und bin daher mit jeder Rose, mit jedem Kohlkopf, mit jeder Gurke intim bekannt. Eine etwas beschränkte Welt, so scheint's. Und doch, wenn man's recht erwägt, ist all das Zeugs, von dem jedes unendlich und unergründlich ist, nicht weniger bemerkenswert als Alpen und Meer, als Japan und China ...« Genauso ist es: Alles keine Frage großer Sensationen, sondern der eigenen Aufnahmefähigkeit. Beverley Nichols beschrieb dann, nicht zufällig in seinem Dauer-Bestseller *Down the Garden Path,* wie man den ultimativen Rundgang zelebriert: als täglich neues Abenteuer vor der Haustür: »Es gibt einige sehr bestimmte Regeln, die man beachten muss, wenn man den ›Rundgang‹ macht. Die Hauptregel ist, nie die Reihenfolge zu ändern. Man möchte vielleicht brennend gern feststellen, ob im Obstgarten schon ein Krokus herausgekommen ist, aber es ist aufs Strengste verboten, hinüberzugehen und nachzusehen, bevor man die verschiedenen Sträucher, Beeren und Bäume auf dem Weg zum Obstgarten genau besichtigt hat. Man darf nicht das ferne Beet betrachten, ehe man das unmittelbar vor einem liegende angeschaut hat. Man mag vielleicht einen unerwarteten, seltsamen, scharlachroten, schimmernden Farbklecks auf dem übernächsten Beet erspäht haben, aber man muss es sich unbedingt verkneifen, sofort zu diesem aufregenden Leuchten zu stürzen, und muss mit stoischer Ruhe auf das Stückchen scheinbar leerer Erde vor sich blicken, bis man sich vergewissert hat, dass es nichts verbirgt. Sonst wird man merken, dass man planlos durch den Garten streicht, ein oder zwei sensationelle Ereignisse

Vernichtete Pracht: Das Bild dieses überquellenden sommerlichen Gartenwegs mit Stockrosen, Winden und als Mittelpunkt Hahn und Henne, den klassischen Gartentieren, verbrannte 1945 im Schloß Immendorf. | Gustav Klimt, *Gartenweg mit Hühnern* (1916)

entdeckt und dann feststellt, dass nichts weiter geschehen ist. Das bedeutet, dass man sich um alle Freude bringt, die der Anblick der winzigen Sprösslinge einem bereitet, um das erste Öffnen der Lider des Goldlacks, um das erste kostbare Goldflimmern des virginischen Zauberstrauchs, um den Anblick des winzigen ersten Speeres der Schneeglöckchen.«
Dem ist nichts hinzuzufügen. Gelebter Garten-Konfuzius: Hier ist der Weg tatsächlich das Ziel.

ohne Weiteres mit Nato-Draht mithalten, zumal sich beide Sträucher auf das Tückischste ergänzen – Weißdorn ist sparrig und hart, gibt also ein festes, rundum dorniges und unüberwindbares Grundgerüst. Die angelhakenbewehrten Zweige der Rosen verleihen so einer Festung den letzten Schliff: Sie können sich überall durchschlängeln, jede Lücke füllen, jede Höhe überwallen und sind, wenn es um das Angeln nach Opfern geht, von geradezu hinterhältiger Biegsamkeit. Was die vielen unglücklichen Prinzen erfahren mussten, die das schlafende Dornröschen erwecken wollten: »Rings um das Schloss aber begann eine Dornenhecke zu wachsen, die jedes Jahr höher ward und endlich das ganze Schloss umzog und darüber hinauswuchs, dass gar nichts davon zu sehen war, selbst nicht die Fahne auf dem Dach. Es ging aber die Sage in dem Land von dem schönen schlafenden Dornröschen, denn so ward die Königstochter genannt, also dass von Zeit zu Zeit Königssöhne kamen und durch die Hecke in das Schloss dringen wollten. Es war ihnen aber nicht möglich, denn die Dornen, als hätten sie Hände, hielten fest zusammen, und die Jünglinge blieben darin hängen, konnten sich nicht wieder losmachen und starben eines jämmerlichen Todes.« Wer jemals dumm genug war, sich mit derart mörderischen Gewächsen einzulassen, wird den Ärmsten ihre Qualen nachfühlen können.

Wenn das Gegenteil passiert, wenn die beschützende Hecke nicht mehr hält, ist das ganze Gemeinwesen in Not – ein Bild, das auch Shakespeare aufgriff, als er in König Heinrich V. einen verwahrlosten Hag für das ganze, im Hundertjährigen Krieg leidende Frankreich stehen lässt: »... die geflochtne Hecke / Streckt, wie Gefangne wild mit Haar bewachsen, / Verworrne Zweige vor.«

Hecken sind also unentbehrlich, mächtig und führen ein Eigenleben. Kein Wunder, dass sie Wildtiere anziehen, unter ihnen den Igel, auf Englisch *hedge-hog,* das Heckenschwein. Auch Feen residieren hier, und vor allem Hexen. Auch deren Name leitet sich von Hag ab: Hexen waren ursprünglich weise Frauen, die in Hecken wohnten. Die Hag, Hagazussa oder Zaunreiterin saß dort auf der Grenze zwischen zwei Welten, zwischen Zivilisation und Wildnis, zwischen Dies- und Jenseits. Nur sie konnte die Schwelle überschreiten und ihre Weisheit zum Guten wie zum Bösen verwenden. J. K. Rowling spielt in ihren Harry-Potter-Büchern mit der untergründigen Doppelrolle der Hecke: Die spießigen Dursleys wohnen im Ligusterweg, der seinen Namen einer besonders biederen Heckenpflanze verdankt. Deren rabiatere Kollegin, der Weißdorn, stellt das Holz für den Zauberstab von Harrys Erzfeind Draco Malfoy: »... ein seltsamer, widersprüchlicher Zauberstab, so voller Paradoxien wie der Strauch, aus dem er geboren ist, dessen Blätter und Blüten heilen und dessen geschnittene Zweige doch nach Tod riechen.«

Die Hecke als Grenze zwischen Wegen und Welten – ein Motiv, das auch die Popgruppe Led Zeppelin in ihrer berühmten Ballade *Stairway to heaven* benutzt: »If there's a bustle in your hedgerow / Don't be alarmed now / It's just a spring clean for the May Queen / Yes, there are two paths you can go by / But in the long run / There's still time to change the road you're on.«

Bereits die Griechen und Römer schätzten die lebende Deckung in ihren Gärten – und nicht nur da, wie uns Asterix überliefert. In *Der Kampf der Häuptlinge* wird der Zenturio des Lagers Barbaorum zackig informiert: »Der Stoßtrupp ist getarnt und wartet auf deine Befehle, Langelus.« Angesichts

Höhepunkt einer Epoche, gebändigte Natur als lebendes Kunstwerk: Der *Hortus Palatinus* galt als einer der berühmtesten Renaissance-Gärten überhaupt und sogar als »achtes Weltwunder«. | Jacques Fouquières, *Heidelberger Schlossgarten* (vor 1620); Heidelberg, Kurpfälzisches Museum

einer Reihe undurchsichtig üppigen Grüns ist der Zenturio schwer begeistert: »Großartig, beim Mars und bei Juno! Wer wagt da noch zu behaupten, dass die Kunst der Tarnung bei den römischen Legionen nicht gepflegt wird?« »Äh, Langelus, das hier ist die Hecke vom Gemüsegarten. Der getarnte Stoßtrupp ist da!«

Und trägt nur ein paar mickrige Zweiglein am Helm. Dumm gelaufen. Vielleicht wäre der Versuch, sich die römische Hecke als Vorbild zu nehmen, ohnehin nicht erfolgversprechend gewesen, denn die antiken Römer schätzten geschnittenen Buchs – und der war zu niedrig, um Schutz gegen zaubertrankgestärkte Gallier zu bieten. Böse Geister kann er allerdings abhalten, deshalb umschließt er auch in unseren Breiten Friedhöfe und Gräber, oft zusammen mit der Eibe.

In den Schlossgärten von Renaissance und Barock wurde die Lebensnotwendigkeit zum Luxus, lieferten Schmuckelemente aus Buchs das wichtigste Gestaltungselement. Beliebt waren auch Irrgärten, philosophisch gedacht als Orte der Selbstfindung, in der Realität eher verschwiegener Schauplatz amouröser Abenteuer. Aufklärung und Romantik entließen dann die Hecke aus der strengen Zucht. Jetzt stand sie als Sinnbild von Natur, Überschwang und Lebensfrühling, wenn Goethes verliebter junger Werther voller Sturm und Drang schwärmte: »Jeder Baum, jede Hecke ist ein Strauß von Blüten, und man möchte zum Maikäfer werden, um im Meer von Wohlgerüchen herumschweben zu können.«

Heute kann davon keine Rede mehr sein. Moderne Hecken bestehen erschreckend oft aus steriler Horrorbotanik wie Thuja, Blauzypresse oder Kirschlorbeer und taugen weder als literarischer Stoff noch zum Überschwang oder als Feen- und Hexenheimat. In ihnen lebt einfach gar nichts mehr.

Holunder | Gattung: **Holunder** *Sambucus*

Blütendolde, Beere, Heilkraft

Allein unter Göttern und Geistern in einer oft grausamen Natur – über Jahrtausende hinweg müssen sich die Menschen hilflos übermächtigen Kräften ausgeliefert gefühlt haben. Da lag es nahe, sich Verbündete zu suchen. Und noch näher, sich dabei an einen zu wenden, der ihnen seit undenklichen Zeiten zur Seite gestanden hatte: an den Holunder. Der robuste, anspruchslose große Strauch kann mit Blättern und Blüten, Rindenbast und Beeren wahre Wunder wirken: Er stärkt das Immunsystem, gibt ein wirksames Blutreinigungsmittel und hilft vor allem bei Fieber und Erkältungskrankheiten. Seine schwarzen, vitamin- und kalireichen, wenn auch roh giftigen Beeren können ebenso Stoffe färben wie, gut vergoren, Menschen kräftig berauschen. »Feelin' fine on elderberry wine« beschreibt Elton John eine spezifisch britische Geschmacksvorliebe.

Der freundliche Strauch, geliebt als Kombination von Beschützer und Apotheke, wurde überdies als Heimat aller Geister, Feen und Zwerge angesehen, die den Menschen wohlgesinnt waren. Wichtigste von ihnen war Frau Holle, ursprünglich die mächtige germanische Erdgöttin Holda oder Holla. Ihr Name hat den gleichen Ursprung wie die Worte »hold« oder »Huld«. Die Gelehrten konnten sich nie ganz einig werden, woher der altdeutschen Name *holun-tar* für ihr Lieblingsgehölz stammte, vom »hohlen Baum« oder doch vom »Baum der Holla«. Geweiht war es dieser Göttin auf jeden Fall, und die hohe Anzahl regionaler Namen,

darunter Eiderbaum, Holder, Holler und Elder, ist ein Indiz für seine Popularität und Verbreitung. Lange wurde der Holunder auch »Flieder« genannt, eine Abwandlung vom mittelhochdeutschen *vlederen*, flattern, das ein Gehölz mit geschlitzten Blättern bezeichnete. Später musste er diesen Namen an den im 16. Jahrhundert eingeführten Zierstrauch abgeben. Was für einige Verwirrung sorgte. Noch Richard Wagner lässt seinen Hans Sachs in den *Meistersingern von Nürnberg* dichten: »Was duftet doch der Flieder, so mild, so stark und voll!« Im Nürnberg der Reformationszeit, in dem das Stück spielt, gab es noch keinen Flieder, und in der Johannisnacht blüht der ohnehin längst nicht mehr – da ist also Holunder gemeint.
Ebenso in Hans Christian Andersens Märchen vom Fliedermütterchen, das von der Hyldemor inspiriert wurde, der skandinavischen Verkörperung der Erdgöttin, die im Holunder wohnt. Sie erscheint einem Jungen, der gegen eine Erkältung reichlich »Fliedertee« bekommen hat: »Und der kleine Knabe sah zur Teekanne hin, der Deckel hob sich mehr und mehr und die Fliederblüten kamen frisch und weiß daraus hervor. Sie schossen zu großen, langen Zweigen empor; selbst aus der Schnauze verbreiteten sie sich nach allen Seiten und wurden größer und größer. Es war der herrlichste Fliederbusch, ein großer Baum. Er ragte in das Bett hinein und schob die Vorhänge zur Seite; nein, wie das blühte und duftete! Und mitten im Baum saß eine alte, freundliche Frau mit einem sonderbaren Kleid; es war ganz grün, so wie die Blätter des Fliederbaumes, und mit großen weißen Fliederblüten besetzt.
›Wie heißt die Frau?‹, fragt der kleine Junge, und die Erdgöttin antwortet: ›Einige nennen mich Mutter Holunder,

Wohnsitz der Erdmutter, Inbegriff von Schutz und lebende Apotheke: Jahrhundertelang hat der Schwarze Holunder, *Sambucus nigra,* den Menschen besonders nahegestanden.

andere nennen mich Dryade, aber eigentlich heiße ich Erinnerung.‹«

Nicht nur die Erinnerung, auch die Bezeichnung Dryade, die auf Druiden hinweist, spiegelt die magische Vergangenheit. Der Holunder galt als Schwellenbaum: Wenn er weiß blüht, beginnt der Sommer, wenn seine schwarzen Beeren reifen, der Herbst. Im Sommer überquellend lebendig, im Winter abgestorben und wie verkrüppelt wirkend, verbindet er Leben und Tod. Er schützt die, die auf der Erde leben, vor der Unterwelt, und viele Kulturen sahen und beschrieben ihn als mächtigen Mittler zwischen Dies- und Jenseits. »Der Holunder öffnet die Monde, / alles geht ins Schweigen hinüber«, schrieb Peter Huchel. Daher spielte er auch in vielen Totenbräuchen eine Rolle.

Das Christentum bemühte sich nach Kräften, dieses stolze heidnische Gehölz zurechtzustutzen. Zunächst wurde es symbolisch der Muttergottes übereignet, die auf der Flucht mit dem Jesuskind unter einem Holunder gerastet haben soll. Was offenbar nicht gewürdigt wurde. Der uralte Brauch, unter Holunderbüschen zu beten und ihnen zu opfern, wurde drakonisch bestraft. Die Erdgöttin selbst bekam den Fanatismus eifernder Glaubenshüter zu spüren; es war ein kompletter Imagewandel: Frau Holle, die sanfte Beschützerin, wurde im Christentum zur mörderischen Hexe erklärt. In den Raunächten um den Jahreswechsel, in denen sie früher über die Erde gezogen war, um segenspendend neues Leben zu wecken, brachte sie nun angeblich Tod und Verderben. Und der Hollerbusch galt jetzt als stinkender Teufelsstrauch, verflucht, weil das Kreuz Jesu aus Holunder bestanden habe. Judas, der Verräter, soll sich überdies an einem Holunder erhängt haben. Was beides kaum möglich ist, aber dazu führte,

dass ein Baumpilz, der oft am Holunder wächst, bis heute »Judasohr« genannt wird.
Doch all dieser heilige Zorn konnte wenig ausrichten. Der Hollerbusch auf dem Hof blieb ein hochgeschätzter Mitbewohner, der sogar achtungsvoll gegrüßt, niemals gefällt und noch im 18. Jahrhundert ausdrücklich um Verzeihung gebeten wurde, sobald ihm auch nur ein Zweig geknickt werden musste. Die Erdmutter zog sich tief ins kollektive Gedächtnis zurück und überlebte dort, etwa in Grimms Märchen, in dem Frau Holle das Gute belohnt und das Böse bestraft. Auch der Mythos vom Holunder als besonders mächtigem und unheimlichem Mittler zwischen den Welten hielt sich bis in unsere Tage und erlebte da sogar eine Weltbestseller-Auferstehung: In Harry Potters Welt werden Zauberstäbe aus ihm hergestellt, und J. K. Rowling überliefert ein uraltes Zauberer-Sprichwort: »Wand of elder never prosper«, übersetzt: »Zauberstab vom Elderbaum kannst du nie und nimmer trau'n.« Es ist also kein Zufall, dass der gefährlichste Zauberstab dieses Universums, eines der drei Heiligtümer des Todes, der Elder Wand ist, aus der Hand des Todes stammt und aus Holunder besteht.
Dessen Fähigkeiten bleiben auch im 21. Jahrhundert verblüffend, vor allem die kulinarischen und medizinischen. Seine magischen Kräfte lassen sich am besten in der Mittsommernacht, also am 21. Juni, überprüfen. Wer sich da unter einen Holunderstrauch setzt, so heißt es, bekomme einen Einblick in die Welt der Götter, Geister und Feen. Unterstützt von einer kräftigen Dosis *elderberry wine* sollte das eigentlich bestens funktionieren.

Iris | Gattung: **Schwertlilien** *Iris*

zart, frühblühend, wasserblau

Es ist das Abbild einer ganzen Epoche. Hyacinthe Rigauds 1701 entstandenes Staatsporträt Ludwigs XIV. spiegelt das Selbstverständnis des Sonnenkönigs ebenso wie das des Absolutismus: *L'état c'est moi* – der Staat bin ich. Stolz präsentiert sich der Monarch, überlebensgroß, umgeben von den Insignien seiner Macht. Deren wichtigste Symbole prangen golden auf dem himmelblauen Krönungsmantel der französischen Könige ebenso wie auf dem Thron und setzen sich als Spitze des Zepters fort. Es sind stilisierte, ornamentale Blüten der *fleur de lys,* der berühmten Bourbonenlilie. Sie galt als Sinnbild Frankreichs und ist eines der meistbenutzten heraldischen Zeichen überhaupt. Nur eine Lilie, das ist sie nicht. Ihr Vorbild ist stattdessen die Iris, zwar Schwertlilie genannt, mit den eigentlichen Lilien aber nur entfernt verwandt. Wildarten gibt es um die 250 auf der gesamten Nordhalbkugel; die Zahl der Gartenvariationen von schmetterlingsklein bis meterhoch ist unübersehbar. Jede Blüte ein architektonisches Kunstwerk: Die drei hochgewölbten inneren Blätter, der Dom, ragen wie eine Kuppel über drei Hängeblättern empor. Die lebenden Kunstwerke schimmern entweder samtig matt oder glänzen wie Seide und zeigen fast alle Farben, von Schneeweiß über Blau- Violett- und Gelbtönen bis hin zu Purpur, Schokoladenbraun und nahezu Schwarz, immer mit feinziselierter, bunter Innenzeichnung. »Man hat diese Blumen nicht mit Unrecht in Bezug auf Schönheit und Farbenpracht den tropischen Orchideen an die Seite gestellt«,

heißt es in einem alten Gartenbuch, »und sie die Orchideen des deutschen Gartens genannt.«
Schwertlilien waren die Blumen der griechischen Götterbotin Iris. Iris heißt übersetzt Regenbogen, und tatsächlich galt die Göttin als dessen Verkörperung. Ihre Blume ebenso: »In unseren Iris-Arten«, schwärmt ein Gärtner aus Kaisers Zeiten, »sind aber auch alle Farben des Regenbogens vertreten und meistens in geradezu entzückender Weise zu bunten Zeichnungen vereinigt.« Zu den Aufgaben der Göttin Iris gehörte es, die Seelen Verstorbener über die Brücke des Regenbogens ins Reich des ewigen Friedens zu geleiten. In Anspielung darauf werden im Orient die Gräber oft mit blauen und weißen Schwertlilien bepflanzt. Ein Echo des Irisglaubens erhielt sich auch im Christentum: Dort wird die Pflanze als Botin göttlicher Weissagungen und Verbindung zum Himmel gesehen, taucht also auf alten Gemälden oft als Blume der Jungfrau Maria auf.
In Hermann Hesses Märchen *Iris* liegen für den jungen Anselm im Herzen einer Irisblüte Gleichnis, Geheimnis und Versprechen verborgen: »Der größte Augenblick des Zaubers und der Gnade war für den Knaben die erste Schwertlilie. In ihrem Kelch hatte er irgendeinmal, im frühesten Kindestraum, zum ersten Mal im Buch der Wunder gelesen, ihr Duft und ihr wehendes vielfaches Blau war ihm Anruf und Schlüssel der Schöpfung gewesen. So ging die Schwertlilie mit ihm durch alle Jahre seiner Unschuld, war jeden Sommer neu, geheimnisreicher und rührender geworden. Die blaue Lillie wurde ihm Gleichnis und Beispiel alles Nachdenkenswerten und Wunderbaren. Wenn er in ihren Kelch blickte und versunken diesem hellen träumerischen Pfad mit seinen Gedanken folgte, dem verdämmernden Blumeninneren

entgegen, dann blickte seine Seele in das Tor, wo die Erscheinung zum Rätsel und das Sehen zum Ahnen wird.«

Es sind jedoch nicht nur die Schönheit und Mystik der Blüte, die die Schwertlilie so hervorstechen lassen, es ist ebenso die Grandezza ihrer Haltung, mit der sie andere Pflanzen überragt. Die schmalen, eleganten Blätter, bei manchen Arten tiefgrün, bei anderen silbrig, stehen straff aufrecht und umrahmen und betonen den Blütenstängel wie ein exquisiter Fächer. Einige sind so scharfkantig, dass sie den alten Griechen als Symbol geschliffener Redekunst galten und in unseren Breiten jahrhundertelang von kleinen Jungen als Spielzeugschwerter benutzt wurden. Eine Pflanze wie eine lebende Imponiergebärde – kein Wunder, dass gerade sie so gern als Chiffre für Herrschaft benutzt wurde: Ihr Auftreten ist auch ohne Worte absolut unmissverständlich.

Drei stilisierte Blätter, oft umgürtet von einem Band. Je eines rechts und links herabhängend, das mittlere aufgerichtet und zugespitzt – das ist die heraldische »Lilie«, durch die die Iris zum Inbegriff von Macht, Überlegenheit und Gottesnähe avancierte. Der Legende nach wurde diese *fleur de lys* der Gattin des Merowingerkönigs Chlodwig von einem himmlischen Engel überbracht. Sie gab sie an ihren Mann weiter, als er sich um 500 nach einer gewonnenen Schlacht katholisch taufen ließ. Die »Lilie« etablierte sich über viele Jahrhunderte hinweg als Wappen der französischen Könige, in dem ihr mittleres Blatt für den Glauben stehen sollte, flankiert von den Ritterschaft und Weisheit verkörpernden Außenblättern. Auch als Zeichen der Dreifaltigkeit, des Vaters, des Sohnes und des Heiligen Geistes, wurde die stilisierte Blüte interpretiert. Das Emblem war überall dort unübersehbar und dominierend, wo Monarchie und Herrschaft repräsentiert

Statik und Dynamik: Die eigentlich eher steifen Schwertlilien tanzen hier buchstäblich. Zu der Zeit, als das Bild entstand, waren viele der Blüten noch purpurfarben, inzwischen ist ihr Pigment in Blautöne verblasst. | Vincent van Gogh, *Iris* (1890); Amsterdam, Van Gogh Museum

wurden. »Über unsern Häuptern ein doppeltes Bogengewölbe, mit hölzerner Bildnerei eingefasst, himmelblau gemalt mit goldenen Lilien.« So beschreibt Victor Hugo in *Notre Dame de Paris* den großen Saal des Pariser Justizgebäudes im Mittelalter. Im Sachsenspiegel, dem ältesten deutschen Rechtsbuch, wird der Friede durch eine aufrechte, dessen Bruch durch eine geknickte »Lilie« dargestellt. Das berühmte Lilienbanner der Bourbonen zeigte diese Iris golden auf weißem Grund und war die französische Nationalflagge, bis es mit der Revolution durch die Trikolore abgelöst wurde.
Vielgeliebt blieb die Iris bis heute, und manchen ist sie auch teuer. Vincent van Gogh malte 1890 eine Schwertlilien-Studie »voller Luft und Leben«, wie sein Bruder meinte. 1987 wurde sie für eine Rekordsumme von 53,9 Millionen Dollar verkauft und wird aktuell auf etwa das Doppelte geschätzt.
Karl Foerster, dem berühmten Staudenzüchter und Gartenschriftsteller, der sich gerne auch »Gartenphilosoph« nennen ließ, stieg der betörende Charme seiner Schwertlilien derart zu Kopf, dass ihm bei ihrem bloßen Anblick die Metaphern durcheinandergerieten und er einige vergnügliche Stilblüten ablieferte: »Erstaunliche Bereiche nie gesehener Farben sind aufgetan, durch die wir zum erstenmal wartender Empfänglichkeit unseres Inneren bewusst werden. Es handelt sich also um ein doppeltes Besitzergreifen. Beim Anblick dieser kühnen Schönheitsvorstöße reckt sich auch im Betrachter etwas zu voller Höhe – aus dem Lebensgefühl nicht mehr wegzudenken. Es sind hier geheimnisvolle ›pflanzliche Persönlichkeiten‹ im Spiel, denen undurchdringliche und wunderlich imponierende Wirkungen innewohnen.«
In der Tat. Der britische Autor Beverley Nichols beschrieb eine besonders imponierende Wirkung, den ultimativen,

wenn auch finalen Iris-Kick: »Einer meiner Großväter starb an einer *Iris stylosa;* sie verführte ihn, sich an einem bösen Januarabend von seinem Krankenlager zu erheben, und lockte ihn mit ihren blauen Blütenflammen, durch die silbernen Schneewehen zu wandern; ein paar Tage darauf raffte ihn eine doppelseitige Lungenentzündung dahin. Das Erlebnis war es wahrscheinlich wert.«

Kamelie | Art: **Kamelie** *Camellia japonica*

leuchten, locken, bewundern, bestaunen

Schöner schluchzen war selten. Wie später die *Titanic*-Zuschauer um Jack und Rose, so weinten die Leser, Theater- und Opernbesucher im 19. Jahrhundert kollektiv um Marguerite, »dieses junge Weib mit der weißen Haut und der wunderbaren Schönheit«. Marguerite, betörend und schwindsüchtig, ist eine der teuersten, begehrtesten Kurtisanen von Paris. Unerwartet findet sie die wahre Liebe mit dem jungen Adligen Armand, den sie nach einem Sommer voller Glück abrupt verlässt. Aus reinem Edelmut, denn Armands Vater hat sie heimlich beschworen, die Ehre seiner Familie nicht mit einer derartigen Verbindung zu beflecken. Armand, nichtsahnend und tief gekränkt, quält sie dafür, bis sie von Kummer und Tuberkulose dahingerafft wird. Erst nach ihrem Tod erfährt er die Wahrheit und wird vor Reue nahezu wahnsinnig – ein Bestseller ebenso wie ein tränentreibender Stoff für viele Interpretationen: für Theaterstücke, für Verdis Oper *La Traviata* und für diverse Filme. Selbst der Hollywood-Blockbuster *Pretty Woman* soll noch davon inspiriert worden sein.
Die literarische Marguerite hatte ein reales Vorbild: die bildschöne Pariser Luxusprostituierte Marie Duplessis, die mit 23 Jahren an Schwindsucht starb. Dennoch wäre der Roman von Alexandre Dumas dem Jüngeren vielleicht nie ein derartiger Welterfolg geworden, wäre Marie nicht klug genug gewesen, sich mit einem einprägsamen Markenzeichen von allen Kolleginnen abzuheben: Sie war *La Dame aux Camélias*, die Kameliendame. Genau so ging auch ihr fiktives Echo

Marguerite in die Literaturgeschichte ein: »Immer konnte man drei Dinge bei ihr finden, die ebenso bestimmt auf der Brüstung der Loge ihren Platz hatten: die Lorgnette, ein Beutel mit Süßigkeiten und ein Bukett Kamelien. Fünfundzwanzig Abende hindurch waren die Kamelien weiß, an den fünf anderen rot. Niemand kannte den Grund dieses Wechsels.«
Niemand außer Maries / Marguerites wohlhabenden Kunden. Denn diese Buketts waren nicht nur Statussymbole, sondern auch eine eigenwillige Variante von »Lasst Blumen sprechen«. Sie waren ein Code für Eingeweihte: Waren nämlich die Kamelien weiß, war die Dame verfügbar. Waren sie rot, brauchte sich niemand um sie zu bemühen, denn sie hatte ihre Regel. Der Grund übrigens, aus dem Hygieneartikel heute noch *Camelia* heißen.
Schwer zu sagen, ob die Dame die Kamelie oder die Kamelie die Dame berühmter gemacht hat. Die Rolle der Marguerite verhalf Schauspielerinnen wie Sarah Bernhardt und der Duse zu internationalen Triumphen und Greta Garbo zu einem Oscar. Der botanische Superstar Kamelie stand so sehr für unglückliche Liebe, dass Mary Vetsera, die siebzehnjährige Geliebte des österreichischen Kronprinzen Rudolf, mit der sich der Thronfolger 1888 erschoss, regelmäßig ihre weißen Blüten aufs Grab bekam. Was zwar den romantischen Zeitgeist traf, aber ein botanischer Irrtum war: Mary hatte sich in ihrem Abschiedsbrief Gardenien, die ebenfalls weißen Rivalinnen der Kamelie gewünscht.
Kamelien, die im Spätwinter blühen, waren in unseren Breiten nie ganz einfach zu kultivieren. Eine ihrer Blüten oder gar ein ganzes Bukett bedeuteten daher wahrhaft königliche Geschenke. Diffizil wie sie ist, blieb die Kamelie lange exklusiv – ein Flair, das sie heute noch umweht. Selbst wenn sie

inzwischen im Supermarkt als Wegwerfpflanze verramscht wird, behält sie in ihrer starren Unnahbarkeit dieses seltsame Flair von Abgehobenheit und Anderssein – eine Adelsdame, die zwar der Pöbel aus der ihr zustehenden Umgebung reißen konnte, die aber immer königliche Distanz zu wahren versteht. Noblesse oblige.
So war es sicher kein Zufall, dass eine zweite Kameliendame der launischen Schönen zu einem festen Platz in der Kulturgeschichte verholfen hat: die Modeschöpferin Gabrielle »Coco« Chanel. Die ließ sich als Kind von Sarah Bernhardts Kameliendame inspirieren und blieb ihrer Lieblingsblume, der weißen Kamelie, lebenslang treu. Sie erkor sie zum Markenzeichen des Hauses Chanel. Eine passende Wahl, denn die geruchlose, ein wenig sterile Kamelie fügt sich leichter ein als eine echte Charakterpflanze wie die Rose. In ihrer wachsglatten Kühle fehlt ihr mit dem Duft auch die letzte sinnliche Kraft. Kamelien bleiben lieber zurückhaltend und zieren mit kühler Exklusivität, statt alles mit einer dominanten Persönlichkeit zu überstrahlen. So lassen sie sich immer neu kombinieren und interpretieren – ideal für die Haute Couture.
Weniger ideal für Otto von Bismarck. »Sie machen mir immer eigentümliche Gedanken«, schrieb er seiner Frau über zwei Kamelien. »Die eine, schlank und nett mit zierlicher Krone und zarter blass, sehr blassrosa Blüte, hält sich etwas steif und lispelt englisch. Die andere fällt von Weitem weniger zierlich ins Auge, und ihr Stamm verrät in seinen knorrigen Windungen Mangel an Sorgfalt im Beschneiden, aber die Krone ist reich an Laub und grüner als das der Nachbarin; sie verspricht eine reiche Blüte, die Farbe tief dunkelrot und weiß in unregelmäßigem buntem Wechsel. Nimmst du den

Vergleich übel? Er hinkt übrigens, denn Kamelien liebe ich nicht, weil sie duftlos sind, und dich liebe ich gerade um des Duftes deiner Seelenblüte, die weiß, dunkelrot und schwarz zeigt. Ich habe eigentlich eine Anlage zu einer Blumenleidenschaft, aber geruchlose, Georginen, Päonien, Tulpen, Kamelien, der Stolz der meisten Gärtner, sind mir von Kind auf gleichgültig gewesen. In Bezug auf Menschen habe ich mich oft und immer wieder von dem uns natürlich eingepflanzten Wahn enttäuschen müssen, der von äußrer Schönheit unbewusst auf ein entsprechendes Innre schließt.«

Es sind jedoch nicht diese strahlenden, leicht dekadenten Schönheiten, die die größte Karriere gemacht haben, sondern das Familienmitglied mit dem bescheidensten Auftreten: *Camellia sinensis,* die Teepflanze. Ihre Blüten sind klein, weiß und zart, dafür haben es ihre Blätter umso mehr in sich. Aus ihnen wurde in Indien und China schon vor Jahrtausenden Tee gewonnen. »Nur im März und April, frühmorgens, / wenn die winzigen Blattknospen sich entfalten, / unter hellem Himmel, / nicht an regnerischen Tagen und wenn Wolkendunst die Bergkuppe verhüllt, / soll geerntet werden«, heißt es in einem chinesischen Gedicht aus dem 9. Jahrhundert. Die Briten wurden ein Volk von Teetrinkern, und 1773 hatte *Camellia sinensis* ihren größten weltpolitischen Auftritt: Der britische König George III. traf die überaus unkluge Entscheidung, den amerikanischen Kolonisten ihr Kultgetränk mit 25 Prozent Zoll zu verbittern. Worauf sie zunächst in der »Boston Tea Party« eine Schiffsladung Tee ins Hafenbecken beförderten und sich 1776 für unabhängig erklärten. Es war die Geburtsstunde der Vereinigten Staaten. Deren Einwohner, ironischerweise, heute lieber Kaffee trinken.

Kirsche | Gattung: **Kirschen** *Prunus*

saftig, süß, knackig, prall

»Die Kirschen in Nachbars Garten«, die wurden sprichwörtlich für Verlockungen aller Art. Signalrot leuchtend, herzförmig, immer süßer als die eigenen und, um den Reiz noch zu erhöhen, scheinbar unerreichbar eingezäunt. Oder vielleicht doch nicht ...? Kirschen sind das sinnlichste Obst des Jahres, untrennbar verknüpft mit der Jahreszeit des Lichtes, des Überschwangs und der leidenschaftlichen Liebe. »Früchte vermögen zu erröten«, meinte Else Lasker-Schüler, »und namentlich der Herzkirsche spielt die Liebe das Blut in die Wangen.«

In jeder Beziehung ein Leckerbissen: Es ist kein Zufall, dass der Siegeszug der Kirsche eng mit dem eines römischen Feldherren verknüpft ist, dessen Name noch heute für Genuss steht: Lucullus. 74 vor Christus brachte er vom Schwarzen Meer Kirschbäume nach Rom, deren Früchte dicker und süßer waren als die der in Europa heimischen wilden Vogelkirschen. Offenbar erkannte er ihr Potenzial: Auf Lukullus' Triumphwagen fuhr ein Kirschbäumchen mit, und als Triumphzug ging dessen Karriere weiter. Kirschen eroberten in einem guten Jahrhundert ganz Europa und waren willkommen, wo immer sie Wurzeln schlugen. Nur den ewig spaßbremsenden christlichen Dogmatikern gefiel es nicht, dass ihre Schäfchen in den knackigen Früchtchen auch ganz andere Freuden verkörpert sahen als die kulinarischen. So sehr der Baum in Klostergärten auch geschätzt war, die Kirsche wurde unverzüglich zur »unsittlichen« Frucht erklärt.

Andere Länder, andere Sitten. »Zwischen fast nichts und nichts / wehrt sich und blüht weiß die kirsche«, schrieb Hans Magnus Enzensberger. Damit zog sie sogar ein ganzes Land in ihren Bann: Die Kirschblütenfeste der Japaner sind legendär. »Wie Nebel, wie Wolken / leuchtend in der aufgehenden Sonne«, wird Sakura, die Kirschblüte, gefeiert. Sie verkörpert Reinheit, Schönheit und Glück, steht aber später auch, mit dem leichten Fall der unverwelkten Blätter, für das ideale Sterben, das Loslassen alles Irdischen und Vollkommenheit des Geistes. Während der Apfel immer mit irdischer Macht und Materiellem in Verbindung gebracht wurde, etwa ganz handfest als Reichsapfel, galt die Kirsche mit ihrer zarten Blüte eher als Symbol seelischer Qualitäten.

Doch der unschuldsweißen Blüte folgt die sinnlich rote Frucht, und die konnte dann wieder durchaus für Zwiespältiges stehen. Else Lasker-Schüler nennt sie »lachendes Blut an den Bäumen«. Die Redensart von »nicht gut Kirschen essen« soll auf einen Bischof des 13. Jahrhunderts zurückgehen, der den Markgrafen von Meißen mit vergifteten Kirschen aus dem Weg räumte. Seit dem Mittelalter gibt es auch die Variante: »Mit hohen Herren ist nicht gut Kirschen essen: Sie spucken einem die Kerne ins Gesicht.« – »Nie die Geheimnisse der Höheren wissen. Man glaubt, Kirschen mit ihnen zu essen, wird aber nur die Steine erhalten«, wandelte Baltasar Gracián das Thema im 17. Jahrhundert ab.

Der Inbegriff aller Verlockung fand natürlich auch seinen Weg in die Politik. Heinrich Heine benutzte ihn, um deutsche Untertanenmentalität zu verspotten: »Im lieben Deutschland daheime, / Da wachsen viel Lebensbäume; / Doch lockt die Kirsche noch so sehr, / Die Vogelscheuche schreckt noch mehr. / Wir lassen uns wie Spatzen / Einschüchtern von

Teufelsfratzen; / Wie auch die Kirsche lacht und blüht, / Wir singen ein Entsagungslied: / Die Kirschen sind von außen rot, / Doch drinnen steckt als Kern der Tod; / Nur droben, wo die Sterne, / Gibts Kirschen ohne Kerne. / Gott Vater, Gott Sohn, Gott heiliger Geist, / Die unsere Seele lobt und preist – / Nach diesen sehnet ewiglich / Die arme deutsche Seele sich.«

Weit weniger brav und entsagungsvoll waren da die Franzosen. *Le temps des cerises*, die Kirschenzeit, ursprünglich ein optimistisches Liebeskummerlied, wurde 1871 zur Hymne des blutig niedergeschlagenen Aufstandes der Pariser Commune. *Mais il est bien court le temps des cerises* – die kurze Süßkirschenzeit steht seitdem für zerstörte, aber nie aufgegebene sozialistische Hoffnungen. Das doppelsinnige Chanson wurde und blieb eines der populärsten in Frankreich. Noch knapp hundert Jahre später kamen linke Liedermacher an der mythologisch gewordenen symbolroten Frucht nicht vorbei. Franz Joseph Degenhardt schrieb eine deutsche Fassung: »Was haben wir sie geliebt, diese Zeit, / die Revolution, die Liebe, den Streit, / in den Nächten und Tagen. / Getanzt und gekämpft und Schmerzen ertragen. / Und die überlebten, überall verstreut. / Und kommt sie zu euch, die Kirschenzeit, / dann seid ihr, wie wir es waren, bereit.«

Auch Wolf Biermann interpretierte die *temps des cerises* nach seinem Rausschmiss aus der DDR auf seine Weise: »Geratet ihr in die Kirschenzeit rein, dann merkt ihr, wie schön die Liebe schmerzt. / Auf immer bleibt mir die Kirschenzeit lieb, auch wenn mir davon im Herz steckenblieb die Wunde, die nie mehr heilt.« Jahre zuvor hatte er in seiner *Ballade von der Buckower Süßkirschenzeit* gleich mehrere Anspielungen platziert: Bertolt Brecht hatte in seinem Sommerhaus die

Buckower Elegien geschrieben, und die für feiernden revolutionären Elan stehende Süßkirschenzeit hatte sich im real existierenden Sozialismus als stockspießig erwiesen: »Das war in Buckow zur Süßkirschenzeit / Die Bäume steh'n an der Chaussee / Das war in Buckow zur Süßkirschenzeit / Die Bäume gehör'n der LPG / Die hat an jeden ein' Zettel gemacht: / ›Das Volkseigentum wird streng bewacht / In der Nacht, in der Nacht / Und besonders in der Nacht!‹«
Die Kirschen heißt eine der berühmtesten Kurzgeschichten von Wolfgang Borchert. Ein Glas eingemachter Kirschen bedeutet im real und moralisch zerstörten Deutschland des Jahres 1947 das Wertvolle schlechthin. »Nebenan klirrte ein Glas. Jetzt isst er die Kirschen auf, die für mich sind, dachte er. Dabei habe ich das Fieber. Sie hat die Kirschen extra vors Fenster gestellt, damit sie ganz kalt sind. Jetzt hat er das Glas hingeschmissen. Und ich hab das Fieber. Der Kranke stand auf. Er schob sich die Wand entlang. Dann sah er durch die Tür, dass sein Vater auf der Erde saß. Er hatte die ganze Hand voll Kirschsaft. Alles voll Kirschen, dachte der Kranke, alles voll. Kirschen. Dabei sollte ich sie essen. Ich hab doch das Fieber. Er hat die ganze Hand voll Kirschsaft. Die waren sicher schön kalt. Sie hat sie doch extra vors Fenster gestellt. Für das Fieber. Und er isst mir die ganzen Kirschen auf.« Verdächtigung, Misstrauen und am Ende tiefe Beschämung: Der fürsorgliche Vater hat die Kostbarkeit nicht angerührt, sondern sich an einer Tasse, die er für den Sohn füllen wollte, geschnitten. »Als der Vater mit den Kirschen kam, hatte er den Kopf tief unter die Decke gesteckt.«
So kostbar eingemachte Kirschen im hungernden Nachkriegs-Deutschland auch waren, Konserven sind immer nur ein Abglanz. Kirschen lassen sich nicht lagern wie Äpfel, sie

wollen frisch vom Baum genossen werden. Ein Teil ihres Reizes liegt darin, dass er flüchtig ist wie der Sommer, wie das ganze Leben: »Die Kirschen werden reif und rot«, heißt es in Erich Kästners *Juni,* »die süßen wie die sauern. / Auf zartes Laub fällt Staub, fällt Staub, / so sehr wir es bedauern. / Aus Gras wird Heu. Aus Obst Kompott. / Aus Herrlichkeit wird Nahrung. / Aus manchem, was das Herz erfuhr, / wird, bestenfalls, Erfahrung.«

Abb. S. 90–91: Mehr Sommer, mehr Liebe gehen nicht: In einem überschwänglichen barocken Stillleben werden hier gleich zwei bekannte erotische Symbole vereinigt – die Nelke und die pralle, rote Kirsche. | Giovanna Garzoni, *Schale mit Kirschen und Nelken* (um 1650); Florenz, Palazzo Pitti, Galleria Palatina

Lilie | Gattung: **Lilien** *Lilium*

schön, prächtig, königlich

»In diesem Augenblick sah ich die Lilien zum ersten Mal. Sie waren von der unter dem Namen *Lilium regale* bekannten Art; sie standen in Reihen von leuchtendem Weiß. Ein leichtes Lüftchen ging, und wenn sie ihre Köpfe neigten, schlug uns ein überaus zarter und feiner Duft entgegen. Ihre Schönheit war einfach berauschend, die vielen weißen Blüten waren wie Schnee, wenn Sonne darauf liegt. Auch rührte die glänzende, schimmernde Schönheit nicht nur von der Menge her, denn als ich näher herantrat, sah ich, dass jede einzelne Blüte ein vollkommenes Exemplar war, und dass die Stängel mitunter über einen Meter hoch waren und die stolze Last von einem Dutzend Blüten trugen. Und in dem Augenblick, da ich sie gesehen hatte, unterschrieb ich in Gedanken den Kaufvertrag für das Haus. Die Größe, die Reparaturkosten, von den Unterhaltskosten ganz zu schweigen – all diese lästigen Einzelheiten schienen bedeutungslos. Ich musste diese Lilien besitzen.«

Ein *coup de foudre,* wie ihn Beverley Nichols hier beschreibt, schlägt im Garten genauso zu wie im richtigen Leben. Lilien in all ihrer sinnlichen Schönheit sind geradezu prädestiniert dafür, eine plötzliche, rauschhafte Verliebtheit auszulösen. Das war schon immer so. Bevor *Lilium regale,* die Königslilie, Gärten und Herzen eroberte, war es *Lilium candidum,* die Madonnenlilie oder einfach Weiße Lilie, die ihre Bewunderer bezauberte bis zur Sprachlosigkeit. »Mit welchem trockenen Vers«, fragte sich etwa der Abt Walahfrid Strabo vor fast 1200

Jahren, »oder welchem Lied soll meine nüchterne Muse, so trocken und mager, die schimmernden Lilien sattsam preisen? Ihr Weiß gleicht glänzendem Schnee, der süße Duft ihrer Blüte gleicht dem der Wälder von Saba. Nicht übertrifft der Parische Marmor an Weiße unsere Lilien, nicht übertrifft sie die Narde an Duft.«

Die marmorweiße Madonnenlilie ist eine der ältesten Gartenpflanzen der Welt, ihre Urheimat der östliche Mittelmeerraum. In der Bibel wird sie häufig erwähnt: »Lernt von den Lilien, die auf dem Feld wachsen«, sagt Jesus im *Matthäusevangelium.* »Sie arbeiten nicht und spinnen nicht. Doch ich sage euch: Selbst Salomo war in all seiner Pracht nicht gekleidet wie eine von ihnen.« Das sprachliche Bild des *Hoheliedes:* »Wie eine Lilie unter den Dornen, so ist meine Freundin unter den Mädchen«, wurde geradezu sprichwörtlich – weiße Lilien standen fortan im Christentum für Jungfräulichkeit ebenso wie für eine reine Seele, für unbefleckte Empfängnis inmitten der Sünden der Welt. Sie avancierten zur Blüte Mariens, symbolisierten Keuschheit und absolute, fleckenlose Reinheit.

Eine menschliche Sichtweise, die gewaltig neben den Tatsachen liegt, denn die Lilie hat zwei Seiten, und zwar völlig gegensätzliche. Tagsüber strahlt sie tatsächlich marmorkühl, glatt und abweisend, scheinbar keusch und beinahe langweilig in ihrer Perfektion. Aber wehe, wenn das Nachtleben beginnt: Die Dämmerung verwandelt sie völlig. Plötzlich beginnt die Lilie zu duften, und zwar mit einem schweren, süßen, geradezu sündig sinnlichen Parfum. Auch wenn sie damit nur Nachtfalter anlocken möchte, die Botschaft, die Erotik dieser olfaktorischen Sprache ist unmissverständlich. Die christlichen Madonnenbilder, auf denen die weiße Lilie

Die Stunde der Unschuld: hell gekleidete Mädchen, umgeben von Nelken und zartrosa Rosen, gerahmt von weißen Lilien. Deren symbolische Keuschheit trügt allerdings – genau in der Abenddämmerung beginnen sie, schwül zu duften. | John Singer Sargent, *Carnation, Lily, Lily, Rose* (um 1885/86); London, Tate Britain ständig auftaucht, präsentierten ihr Keuschheitssymbol denn auch vorsichtshalber gern kastriert, das heißt: ohne Stempel und Staubgefäße.

Da spielte sicher auch die Erinnerung an die griechische Mythologie eine Rolle, die die Doppelnatur der Lilie sehr viel drastischer wiedergab: Als Hera, die Gattin von Göttervater Zeus, den Säugling Herakles stillte, so wurde überliefert, fielen Tropfen von Muttermilch aus ihren Brüsten auf die Erde. Daraus wuchsen die ersten Lilien. Deren geradezu ärgerlich makellose, geschlechtslos wirkende Schönheit provozierte die Liebesgöttin Aphrodite derart, dass sie den Phallus eines Esels als auffallenden gelben Stempel mitten in die Blüte setzte. Reinheit und Unschuld verkörpert die so Geschmückte also eher nicht. Viel später ließ Heinrich Heine die Doppeldeutigkeit der hellen Blumen anklingen, nutzte sie als vielsagenden Kontrast, wenn er im *Buch der Lieder* seine Donna Clara fragte: »Weiße Lilien, lichtumflossen, / Blicken nach den Sternen droben. – / Aber sage mir Geliebte, / Hast du auch nicht falsch geschworen?«

Natürlich hat sie. Heine spielt mit dem frommen Lilienimage, wenn er eine hingebungsvolle, aber offenbar nicht allzu intelligente Geliebte beschreibt: »Die Blondine, die ich liebe, / Ist so fromm, so sanft, so mild! / In der Hand den Liljenstängel, / Wäre sie ein Heilgenbild. / Schlanke, schwärmerische Glieder, / Wenig Fleisch, sehr viel Gemüt; / Und für Liebe, Hoffnung, Glaube / Ihre ganze Seele glüht.«

Seit einem guten Jahrhundert gibt eine zweite weiße Lilie unseren Gärten die Ehre, die die Madonnenlilie an Schönheit und Duft beinahe noch übertrifft: eben Beverley Nichols' Königslilie, *Lilium regale.* Im Sommer 1910 fand sie der Brite Ernest Henry Wilson, einer der erfolgreichsten

Pflanzensammler der Kolonialzeit, in einer unzugänglichen, rauen Bergschlucht im Westen Chinas, und seine glamouröse Entdeckung hätte ihn fast das Leben gekostet. Zunächst einmal war er – natürlich! – überwältigt: »Am Wegrand, in Felsspalten an Wildbachufern und hoch oben auf den Bergen und in den Abgründen grüßt diese in voller Blüte stehende Lilie den ermatteten Wandersmann. Nicht in Zweier- und Dreiergruppen, sondern zu Hunderten, zu Tausenden, ja wirklich Zehntausenden. Ihre schlanken Stängel ragen über das grobe Gras und Gesträuch hinaus und sind von einer bis mehreren trichterförmigen Blüten gekrönt. Jede ist außen mehr oder weniger weinfarben, rein weiß und schimmernd, innen hell kanariengelb, und auf jedem Staubgefäßfaden sitzt oben ein goldener Staubbeutel. Die Luft in der Kühle des Morgens und Abends ist mit dem köstlichen Duft von jeder Blüte geschwängert. Für kurze Zeit verwandelt diese Lilie die einsame Halbwüste in ein wahres Märchenland.«
Wie das im Märchen so ist: Der fremde Eindringling musste den Blick auf die verborgene und absolute Schönheit teuer bezahlen. Wilson wurde durch Steinschlag schwer verletzt. Hilflos, mit doppelt gebrochenem Bein quer über einem schmalen Pfad liegend, zeigte er, dass er ein Mann war, der seine Prioritäten wohl zu setzen verstand: Er ließ zunächst die Maultiere mit den botanischen Sammlungen über sich hinwegsteigen, um die kostbaren Pflanzen nur ja in Sicherheit zu bringen. Dann erst wurde er selbst buchstäblich vom Rande des Abgrunds geborgen, sein Bein später nur mit knapper Not gerettet. Im Herbst grub die Expedition 6000 Zwiebeln zum Export aus. Wie das Märchenland hinterher aussah, ist nicht überliefert. Umso bekannter ist, dass *Lilium regale* fortan eine angemessen königliche Gartenkarriere

machte. Und auch, wenn es an Versuchen nicht gefehlt hat: Wirklich zu beschreiben sind weiße Lilien nicht. Man muss sie erleben, und dann gibt es kein laues Mittelmaß. Entweder man verabscheut sie ihrer artifiziell und arrogant anmutenden Noblesse halber, oder man verfällt ihrem leicht dekadenten Charme und liebt sie, wie sie seit Jahrtausenden geliebt worden sind: hingerissen und bedingungslos.

Mohn | Familie: **Mohngewächse** *Papaveraceae*

blühen, besingen, ernten, leuchten

Wenn er blüht, scheint alles möglich. Keine andere Pflanze spiegelt die Kraft, die Hoffnung und das Feuer des Frühsommers mit einer ähnlichen Intensität wider wie der Mohn. Jede Blüte fängt ein, was die Jahreszeit an Glanz, Fülle und Überschwang zu bieten hat. Sie tut das temperamentvoll und im Zeitraffer: Die raue Knospe springt schnell auf, die knittrigen, seidigen Kelche entfalten sich, die glänzende Flammenfarbe reflektiert jeden Sonnenstrahl – und dann fallen die großen Blätter auch schon wieder zu Boden. So viel Überschwang gilt von jeher als Liebessymbol, allerdings als abgründiges. Ambivalent wie die ganze Pflanze, die hinter dem äußerlichen Temperament die einschläfernde Wirkung des Opiums verbirgt, ist auch das Innere ihrer Blüte: Auf dem leuchtenden Grund trägt sie ein tief schwarzes Kreuz. So ist der Mohn als mythischer Inbegriff der Verbindung von Liebe, Traum und Tod ebenso konkurrenzlos wie als blühende Verkörperung hinreißenden, verschwenderischen Glanzes.
Sanfter in der Farbe, aber umso intensiver in der Wirkung ist ein enger Verwandter, *Papaver somniferum,* der Schlafmohn. Der bittere weiße Milchsaft aus seiner Samenkapsel, die Grundsubstanz des Opiums, enthält 40 verschiedene Alkaloide. Mohnderivate, die Schmerzen lindern und einschläfernde Wirkung haben, waren die stärksten Heil- und Rauschmittel der vorindustriellen Zeit. Spätestens in der Jungsteinzeit entdeckte man auch die berauschende Wirkung des Mohnsaftes, und von da an folgte die Pflanze den

Menschen, wo immer sie Land in Kultur nahmen. Das Wort Mohn soll einigen Quellen zufolge auf das mittelhochdeutsche *mahen,* althochdeutsch *mähen,* zurückgehen. Aber auch das indogermanische *mak* – »Beutel« – bezogen auf die dicken Samenkapseln, steht zur Debatte. Verwandt sein könnten auch das griechische *mékon* und das russische *mák* – schon das ein Indiz dafür, wie weit verbreitet der Mohn immer gewesen ist.

Die Germanen bauten *Papaver* auf Odinsäckern an, in der Antike galt der weiße Saft als Tränen des Mondes, die Pflanze selbst als Gottesgeschenk, aus den Tränen der Aphrodite gewachsen. Morpheus, einer der Söhne des griechischen Schlafgottes Hypnos, wurde als Gott der Träume verehrt und gab dem Morphium seinen Namen. Homer berichtet in der Odyssee, dass Helena den jungen Telemach mit einem Becher »Nepenthes«, berauschendem Mohnsaft, tröstet: »Siehe sie warf in den Wein, wovon sie tranken, ein Mittel / Gegen Kummer und Groll und aller Leiden Gedächtnis / Kostet einer des Weins, mit dieser Würze gemischet; / Dann benetzet den Tag ihm keine Träne die Wangen.« Zu der Dekadenz, die zum Untergang des Römischen Reiches beigetragen haben soll, gehörte auch der exzessive Genuss einer stark berauschenden Mischung aus Mohnsamen und Honig. Kaiser Nero ging auch da mit schlechtem Beispiel voran: Sein Lieblingsgetränk enthielt 30 Prozent Opium.

Besonders zugeneigt blieben dem Mohn immer die Dichter und Literaten: »Zur Warnung hört ich sagen / Dass, der im Mohne schlief / Hinunter ward getragen / In Träume schwer und tief / Die Schatten, die ich sehe / Sie sind wie Sterne klar / O Mohn der Dichtung! Wehe / Ums Haupt mir immerdar!«, heißt es etwa bei Ludwig Uhland. Das war die sozusagen verblümte Version für das gemeine Volk. Das musste sich, Karl Marx zufolge, ohnehin mit einem anderen Opium begnügen: mit der Religion. Bei einem rauscherfahrenen Insider wie Charles Baudelaire, der den Mohn in den *Fleurs du Mal,* den *Blumen des Bösen* verewigte, geht es schon ganz anders zur Sache: »Das Opium weitet aus, was ohne Grenz' und Schranken / Es dehnt die Unermesslichkeit / Es höhlt der Wollust Rausch, vertieft das Meer der Zeit / Und mit Genüssen, schwarzen, kranken / Macht es die Seele übervoll und weit.«

Auch im Klassiker aller Klassiker, in Goethes *Faust,* greift der Held in Selbstmordabsicht zur »einzigen Phiole« mit Mohnsaft: »In dir verehr' ich Menschenwitz und Kunst. / Du Inbegriff der holden Schlummersäfte / Du Auszug aller tödlich feinen Kräfte / Erweise deinem Meister deine Gunst!« Dem Doktor – offenbar mit einschlägigen Vorerfahrungen – reicht schon der bloße Anblick der Droge für rauschhafte Visionen: »Ich sehe dich, es wird der Schmerz gelindert / Ich fasse dich, das Streben wird gemindert / Des Geistes Flutstrom ebbet nach und nach / Ins hohe Meer werd' ich hinausgewiesen / Die Spiegelflut erglänzt zu meinen Füßen / Zu neuen Ufern lockt ein neuer Tag / Ein Feuerwagen schwebt, auf leichten Schwingen / An mich heran! Ich fühle mich bereit / Auf neuer Bahn den Äther zu durchdringen / Zu neuen Sphären reiner Tätigkeit.« Ein klassischer Opiumrausch. Faust, der hehre Tragödienheld, high wie ein Hippie – Fakten, die Generationen deutscher Studienräte ihren Schülern vorsichtshalber verschwiegen.

Es blieb dem Ersten Weltkrieg vorbehalten, den überschäumend lebendigen Mohn als Sinnbild sinnlosen Massensterbens ins kollektive Gedächtnis zu bannen. Während der

ポッピー

großen Flandernschlachten erschien plötzlich leuchtend roter Mohn überall im aufgewühlten Lehm. Auf Gräbern und in Granattrichtern reckte er seine feurigen Blüten mit dem schwarzen Kreuz in die Luft. Es schien wie ein unheimlicher, spontaner Protest der Natur gegen das viele vergossene Blut, doch es war schlicht die Fähigkeit, die den Mohn als Wettbewerber auf dem Acker so erfolgreich gemacht hat: Seine Samen halten sich im Boden bis zu 100 Jahre keimfähig. Sobald die Erdoberfläche aufgerissen wird, egal, ob von einem Pflug oder einer Granate, nutzen sie blitzschnell jede Chance. Das »Blut aus der Erde« war Triumph des Lebens in einer Landschaft des Todes, jedoch auch ein unübersehbares Memento mori.

Im Mai 1915, inmitten der Massaker, schrieb der junge kanadische Colonel John McCrae ein Gedicht zum Andenken an einen gefallenen Freund: »In Flanders fields the poppies blow / Between the crosses, row on row / That mark our place; and in the sky / The larks, still bravely singing, fly / Scarce heard amid the guns below. / We are the dead / Short days ago / We lived, felt dawn, saw sunset glow / Loved, and were loved, and now we lie / In Flanders fields.«

In *Flanders Fields* hatte Breitenwirkung wie kaum je ein anderes Gedicht: Es erhob die Mohnblüte im gesamten englischsprachigen Raum zum Symbol des Ersten Weltkriegs. Der Remembrance Day am 11. November, dem Waffenstillstandstag von 1918, wird nach der Mohnblume, englisch *poppy*, auch Poppy Day genannt. Von der britischen königlichen Familie abwärts trägt an diesem Feiertag nahezu jeder im gesamten Commonwealth den roten Papiermohn am Revers, zum Gedenken an eine ganze Generation hingemordeter junger Männer.

Mitten im Völkermord des Zweiten Weltkriegs war es die Lyrikerin Mascha Kaléko, die das Motiv vom Mohn als Todesboten wieder aufgriff. In ihrem während des Krieges geschriebenen, 1945 veröffentlichten *Kaddisch,* dem jüdischen Totengebet, heißt es: »Rot schreit der Mohn auf Polens grünen Feldern / In Polens schwarzen Wäldern lauert Tod.« Die Nationalblume Polens, ursprünglich ein Symbol für Leben, Freude, Fülle und Glück, als verzweifelter Hilfeschrei inmitten des Holocaust – dramatischer und ambivalenter ist selten eine Pflanze in die Literaturgeschichte eingegangen.

Abb. S. 104–105: Ein kurzer, strahlender Augenblick: Nicht nur die Flüchtigkeit, auch die Wandlungsfähigkeit des Gartenmohns ist hier eingefangen. Er zeigt sich gefüllt, weiß, orangegetönt und ohne das charakteristische schwarze Kreuz in der Mitte. | Konan Tanigami, *Mohn,* aus *Seiyou Sokazufu* (Album der westlichen Pflanzen und Blumen: Frühling, 1917); Unsodo, Kyoto

Nelke | Gattung: **Nelken** *Dianthus*

blühen, duften, tragen, schenken

Wäre sie doch bloß nicht in die Politik gegangen. Nichts hat das Image der Nelke so nachhaltig lädiert wie ihre jahrzehntelange Rolle als ZK-Blüte und lebendes Parteiabzeichen. Rote Nelkensträuße in Zellophan standen für greise, knutschende Ostblock-Diktatoren, für verordnete Aufmärsche, für lähmende Spießigkeit. Davon hat sich die »Blume der Arbeiterklasse« bis heute nicht erholt. Sie ist so dermaßen out, dass ihr Revival noch eine Frage der Zeit sein dürfte. Noch führt sie ein deklassiertes Nischendasein unter dem Zellophan trostloser Tankstellen-Sträuße, gilt als so sexy wie Tennissocken in Sandalen und wird höchstens zu Demonstrations-Ritualen sporadisch ins Rampenlicht geholt. Ein steiler Abstieg für die arme Nelke – vom gehätschelten, luxuriösen Liebesobjekt zum Symbol elend verwelkter Menschheitsträume.

Der erste Kontakt der Nelke mit hoher Politik ist knapp 750 Jahre her: Während der Kreuzzüge brach 1270 im Heer des französischen Königs Ludwig IX. vor Tunis die Ruhr aus. Der König fand eine stark duftende Blume, die in dieser Region zu Hause war, und hielt sie für ein natürliches Heilmittel. Was sie leider nicht war: Neben seinen Soldaten starb auch er selbst an der Seuche. Die prachtvolle Blume aber gelangte als Kriegsbeute nach Europa. Dort erhielt sie den Namen »Nelke«, weil ihr Geruch dem der Gewürznelken, der »Näglein«, ähnelte, mit denen sie aber nicht verwandt ist. Von denen zeugt noch ein uraltes Kinder-Schlaflied: »Guten Abend, gut'

Nacht, / mit Rosen bedacht, / mit Näglein besteckt, / schlupf unter die Deck'.« Damit umgab das geliebte Kind jede nur denkbare Fürsorge: Näglein so hieß es, hielten Krankheiten fern.

Sie galten aber auch als Aphrodisiakum, ein Ruf, den die Nelke sofort übernahm. Sie wurde zur Verkörperung leidenschaftlicher Liebe: »Rote Nelke blüht im Garten«, beschrieb das Hermann Hesse, »Lässt verliebte Düfte glühen, / Will nicht schlafen, will nicht warten, / Einen Trieb nur hat die Nelke: / Rascher, heißer, wilder blühen!« Die herrliche, aber nicht ganz einfach zu ziehende Pflanze wurde Favoritin all derer, die sich Luxus leisten konnten. »Im schönen Kreis der Blätter Drang / Und Wohlgeruch das Leben lang / Und alle tausend Farben!«, beschrieb Goethe ihre zeitlose Schönheit. Ein Strauß Nelken galt jahrhundertelang als Liebeserklärung, wie in Theodor Storms Gedicht: »Ich wand ein Sträußlein morgens früh, / Das ich der Liebsten schickte; / Nicht ließ ich sagen ihr, von wem, / Und wer die Blumen pflückte. / Doch als ich abends kam zum Tanz / Und tat verstohlen und sachte, / Da trug sie die Nelken am Busenlatz, / Und schaute mich an und lachte.«

Auch in einem von Clemens Brentanos Rheinmärchen ist die Nelke ein unmissverständlich erotischer Bote: »Wie er so betend ihr in das liebliche Angesicht schaute, summte eine kleine goldene Biene um sie her und wollte sich eben auf ihren roten Mund, den sie für eine duftende rote Nelke hielt, niederlassen.« Goethe allerdings nutzte die nahezu langweilig perfekte Schönheit für einen Vergleich mit nur oberflächlich attraktiven Frauen: »Nelken! Wie find' ich euch schön! / Doch alle gleicht ihr einander, / unterscheidet euch kaum, / und ich entscheide mich nicht.«

»Ich breche Rosen, ich breche Nelken«, klagte dagegen Heine, »Zerstreuten Sinnes und kummervoll / Ich weiß nicht, wem ich sie geben soll; / Mein Herz und die Blumen verwelken.« Da selbst eine welke Nelke noch ihre Farbe hält, stand sie auch für treue Freundschaft bis in den Tod: »Nelke du wandelst die Farbe nicht eh' als der Tod dich entblättert / Inniger Freundschaft Symbol darum erwähle ich dich«, dichtete ein Unbekannter.

So viel Schönheit und Liebe, Mut und Treue, alles vereint in einer einprägsamen Blüte – damit war die Nelke für den Weg in die Zeichensprache der Politik geradezu prädestiniert. Ihren ersten großen Auftritt hatte sie in der Französischen Revolution. 1793 versuchte eine Gruppe von Royalisten, die in der Pariser Conciergerie schmachtende Königin Marie Antoinette zu befreien. Diese Verschwörung, über die Alexandre Dumas einen ganzen Roman schrieb, hieß »Nelkenkomplott«, weil der Königin eine Nachricht in den Blütenblättern einer Nelke zugeschmuggelt wurde. Vergeblich. Marie Antoinette starb ebenso unter der Guillotine wie Tausende von französischen Aristokraten. Viele von ihnen trugen auf ihrem letzten Weg stolz und trotzig eine Nelke im Knopfloch – Symbol für Mut, Liebe und Treue zum Königshaus.

Knapp hundert Jahre später, 1889, wandelte sich die Nelke von der aristokratischen zur »Arbeiterblume«. Der Internationale Sozialistenkongress in Paris rief die Proletarier aller Länder auf, am 1. Mai 1890 öffentlich für ihre Rechte einzutreten. Das war in Zeiten des Obrigkeitsstaates gar nicht so einfach, vor allem nicht im Bismarck-Deutschland: »Da Versammlungen verboten waren«, erinnerte sich der spätere Reichstagspräsident Paul Löbe, »blieb nur der gemeinsame Ausflug in Gartenlokale übrig. Das Mitführen von Fahnen

Lasst Blumen sprechen: Die Nelke war damals ein eindeutiges Symbol. Der stattliche, wohlhabende Herr mit Orden, Pelzhut und Ring trägt sich mit ernsthaften Heiratsabsichten oder ist sogar schon verlobt. | Jan van Eyck (1390–1441), *Porträt eines Mannes mit Nelke;* Berlin, Gemäldegalerie war selbstverständlich auch nicht gestattet, darum wählte man die rote Nelke im Knopfloch als Abzeichen der Gleichgesinnten.«

»Die Arbeiter marschierten mit ihren Frauen und Kindern in geschlossenen Viererreihen und mit vorbildlicher Disziplin in den Prater«, beschrieb Stefan Zweig in seiner *Welt von gestern* wehmütig einen der ersten Aufmärsche in Wien, »jeder die rote Nelke, das Parteizeichen, im Knopfloch. Sie sangen im Marschieren die Internationale. Es wurde niemand beschimpft, niemand geschlagen, keine Fäuste geballt; kameradschaftlich lachten die Polizisten, die Soldaten ihnen zu. Kaum tauchte die rote Nelke als Parteizeichen auf, so erschien plötzlich eine andere Blume im Knopfloch, die weiße Nelke, das Zugehörigkeitszeichen der christlich-sozialen Partei (ist es nicht rührend, dass man damals noch Blumen als Parteizeichen wählte statt Stulpenstiefeln, Dolchen und Totenköpfen?).«

Die rote Nelke hatte ihre geschichtliche Rolle gefunden, und sie war eine Idealbesetzung dafür: deutlich fügsamer als die eigensinnige rote Rose, die vor ihr als Abzeichen gedient hatte, und in unübersehbarer Signalfarbe. Sie wurde zum identitätsstiftenden Symbol, zur nonverbalen Sprache: Sie kündete von neuem Selbstbewusstsein, von Solidarität, und vor allem von Hoffnung und Zukunft. Josef Friedmann fasste diese Sichtweise am 1. Mai 1909 in der *Wiener Arbeiter-Zeitung* zusammen: »Es glühen rote Nelken, Freiheitssonnen entstammt / Es lodern rote Gluten, Die Freiheitssehnsucht flammt. / Er naht der Tag der Tage, Der Freiheit Banner fliegt / Weitauf, Weitauf, die Herzen, die rote Nelke siegt!«

Doch statt Freiheit kamen rote Diktaturen, die die bedauernswerte Nelke zum Staatsbesuchs- und Aufmarsch-Accessoire herabwürdigten. Nur einmal, 1974, feierte die viel missbrauchte Blume einen wahren, friedlichen Triumph: Als in Portugal die Militärdiktatur gestürzt wurde, schmückten die demokratischen Soldaten Uniformen und Gewehrläufe mit der geschichtsträchtigen Blüte. Als »Nelkenrevolution« ging dieser gewaltlose Umsturz in die Geschichte ein.

Quitte | Art: **Quitte** *Cydonia*

goldgelb, süß, reif

Ihretwegen flogen Adam und Eva aus dem Paradies. Sie verursachte einen der berühmtesten Kriege der Menschheitsgeschichte. Sie galt als göttliches Aphrodisiakum, war kaiserliche und kulinarische Favoritin. Die Marmelade verdankt ihr den Namen. In jahrtausendelanger Gartengeschichte hat die Quitte so ziemlich alles erlebt – nur um in unseren Tagen ziemlich in Vergessenheit zu geraten.

Was vielleicht sogar naheliegt: Die Quitte ist aus der Zeit gefallen. Sie ist kein Snack »to go«, kein Tafelobst, kein schneller, im Vorbeigehen konsumierbarer Happen. Sie braucht Zeit und Zuwendung, bis sie all ihre Reize preisgibt. Quitten wollen mit sorgfältiger Zubereitung gewürdigt werden, oder sie verweigern sich komplett. Ihre Schale bekommt erst den vollen, glänzenden Goldton, wenn man sorgfältig den weichen, bitteren Flaum abgerieben hat, der sie bedeckt und nach dem sie früher »Baumwollapfel« hieß. Rohe Quitten duften zwar betörend, sind aber ungenießbar: steinhart, säuerlich und leicht bitter. So standen sie im Englischen lange als Symbol für übersehene Schönheit. Erst erhitzt entfalten Quitten ihren vollen Zauber, dann halten sie aber auch vollauf, was ihr Duft versprochen hat: Die Quitte ist ein kulinarisches Multitalent.

Süß eingekocht waren Quitten so delikat und weithin beliebt, dass sie einst zur Namenspatin der Marmelade wurden: Das Wort stammt vom portugiesischen *marmelo* für Quitte, was sich wiederum aus dem griechischen *melimelon*

für Honigapfel herleitet. Erst der EU blieb es vorbehalten, diese jahrtausendealte sprachliche Verbindung zu zerstören: Offiziell darf die Namensgeberin der Marmelade nicht mehr Marmelade heißen. Laut EU-Verordnung Nummer 79 / 639 / EWG müssen Marmeladen mindestens 20 Prozent Zitrusfruchtanteil enthalten. Sonst sind sie Konfitüren.
Bürokratischer Sprach-Irrsinn unserer Tage, der die Quitte zum Glück nicht berührt. Egal, unter welchem Namen: Sie bringt Licht noch in den düstersten Wintertag, so, wie Jan Wagner es in seinem Gedicht *Quittenpastete* schildert: »wenn sie der oktober ins astwerk hängte, / ausgebeulte lampions, war es zeit: wir / pflückten quitten, wuchteten körbeweise / gelb in die küche / unters wasser. apfel und birne reiften / ihrem namen zu, einer schlichten süße – / anders als die quitte an ihrem baum im / hintersten winkel / meines alphabets, im latein des gartens, / hart und fremd in ihrem arom. wir schnitten, / viertelten, entkernten das fleisch (vier große / hände, zwei kleine), / schemenhaft im dampf des entsafters, gaben / zucker, hitze, mühe zu etwas, das sich / roh dem mund versagte. wer konnte, wollte / quitten begreifen, / ihr gelee, in bauchigen gläsern für die / dunklen tage in den regalen aufge- / reiht, in einem keller von tagen, wo sie / leuchteten, leuchten.«
Noch fester eingekocht, ergibt sie aromatisches Quittenbrot, das früher das war, was eine Tafel Schokolade heute ist: der Inbegriff begehrter Süßigkeit. Nostradamus, der eine Vielfalt an Quittenrezepten aufzeichnete, pries es 1555 als »eines Königs würdige Speise«. Später schwärmten Schiller und Goethe gleichermaßen für das bernsteinfarbene Quittenkonfekt. Goethe sogar dermaßen, dass ihm seine Mutter regelmäßig Päckchen mit Quittengelee und Quittenbrot nach Weimar

nachschickte. Gemessen an der literarischen Leistung des Duos scheinen Quitten tatsächlich den Geist zu beflügeln. Vielleicht wussten das bereits antike Ärzte, wenn sie Schwangeren rieten, reichlich Quitten zu essen, um besonders kluge Kinder zu bekommen.

Die gemeinsame Geschichte von Mensch und Quitte begann vor gut 4000 Jahren irgendwo im Kaukasus. In Griechenland wurde sie ab 600 vor Christus angebaut, zuerst auf Kreta. Ihren wohlklingenden botanischen Namen *Cydonia* verdankt sie der minoischen Stadt Kydonia, heute Chania, nach der sie auch »kydonischer Apfel« genannt wurde. 400 Jahre später wurde sie auch in Rom kultiviert. Geliebt hat man sie von Anfang an: »Die Quitte bezaubert die Menschen mit ihren Wonnen, und unter den Früchten ist sie durch ihre Köstlichkeit berühmt. Sie schmeckt nach Wein, wie Moschus ist ihr Duft, ihre Schale erinnert an Goldstaub, und ihre Form ist rund wie der Vollmond«, heißt es in den Märchen aus Tausendundeiner Nacht. Die Griechen nannten sie Goldapfel und widmeten sie Aphrodite, der Liebesgöttin. Brautleute aßen vor der Hochzeitsnacht gemeinsam eine Quitte, süß, herb und bitter, als Vorgeschmack auf Freude und Leiden einer Ehe.

Duft und Schönheit der schweren Früchte sind in der Tat betörend, mitunter mit schwerwiegenden Folgen: »Und Gott der Herr ließ aufwachsen aus der Erde allerlei Bäume, verlockend anzusehen und gut zu essen, und den Baum des Lebens mitten im Garten und den Baum der Erkenntnis des Guten und Bösen«, heißt es in der Bibel. Dieser paradiesische Baum der Erkenntnis, dessen verlockenden Früchten Eva am Ende nicht widerstehen konnte, soll eine Quitte gewesen sein. Nicht nur in der jüdisch-christlichen, auch in

der griechischen Mythologie spielt die prachtvolle, lockende Frucht eine Schlüsselrolle: Die goldenen Äpfel der Hesperiden, die »am westlichen Ende der Welt« von drei Nymphen und einem Drachen bewacht wurden und die der griechische Sagenheld Herakles stehlen musste, waren wohl ebenfalls Quitten, so wie die meisten »Äpfel« in antiken Quellen. Die griechische Bezeichnung *malum* beziehungsweise *melum* bedeutet »runde Frucht« und wurde für beide gleichermaßen benutzt. Doch sobald sie näher beschrieben wird, deutet alles auf die Quitte hin: die goldene Farbe, die Rippen und der ausgeprägte Wohlgeruch, den die Römer auch als antike Form der Aromatherapie in ihren Räumen einsetzten. Vor allem: Quitten wurden in der Antike im Mittelmeerraum häufig angebaut, Äpfel waren selten.
So war es auch die Quitte, der beliebte Goldapfel, die einen Streit mit verheerenden Folgen auslöste: Eris, die Göttin der Zwietracht, so lautet die Sage, war zu einer Götterhochzeit nicht eingeladen worden. Rachedurstig warf sie den sprichwörtlich gewordenen goldenen »Zankapfel« mit der Aufschrift »Der Schönsten« mitten in die Feiernden. Eris hatte richtig kalkuliert: Drei Göttinnen, Aphrodite, Athene und Hera, gerieten prompt in heftigen Streit. Göttervater Zeus, der sich in den Zickenkrieg nicht einmischen wollte, legte das Urteil in die Hand eines Sterblichen. Der junge Hirte Paris, in Wirklichkeit ein verkappter Königssohn, sollte zwischen den Göttinnen entscheiden. »Und er bückt sich flink zu Boden, aus dem Gras den Apfel nimmt er; kaum berührt er ihn, und siehe, wie von lautrem Golde glimmt er«, übertrug Richard Dehmel später die Sage. Für den Sieg in diesem ersten Schönheitswettbewerb der Geschichte versprach Hera Paris Macht, Athene Weisheit, Aphrodite aber die Liebe der schönsten Frau

der Welt. Sex sells: Aphrodite erhielt den Goldapfel. Sie hatte allerdings vorsichtshalber nicht erwähnt, dass diese schönste Frau der Welt, die legendäre Helena, schon mit dem mächtigen König von Sparta verheiratet war. Als Paris sie entführte, löste er damit den Trojanischen Krieg aus – und so wurde die Quitte zum *casus belli* für eines der berühmtesten Dramen der Menschheitsgeschichte und den Untergang Trojas.

Rasen | Ordnung: **Süßgrasartige** *Poales*

säen, mähen, schlendern, hüpfen, wälzen

Er ist ein Kulturgut, aber ein umstrittenes. Aus dem Symbol der Befreiung von absolutistischen Zwängen, der Demokratisierung von Privilegien, wurde ein Markenzeichen tumben Spießertums, auf einer Stufe mit Raffgardinen und WC-Deckeln mit Plüschbezug. Einst war er Inbegriff von Luxus und Klasse, heute lautet ein Schlachtruf seiner Gegner: »Rasen muss peinlich werden!« Der Rasen hat es wirklich nicht leicht. Regelmäßig muss er sich buchstäblich zurechtstutzen lassen – und dann noch dieses Image!
Dabei hat alles so vielversprechend begonnen. »Nichts erquickt das Auge so sehr wie feines, nicht zu hohes Gras«, schrieb 1250 der Bischof und Gelehrte Albertus Magnus. Damals dienten Gärten der Versorgung, und »Lustgärten« wie der des Bischofs waren rar. Albertus, der auch schon konkrete Pflegetipps gab, wurde so etwas wie der Vater der deutschen Rasenkultur. Wer Augen und Seele mit sanftem Grün erquicken wollte, hatte sich bis dahin an einer Wiese erfreuen müssen. Diese heute so gepriesene Alternative zum Rasen hatte mit ihm allerdings eines gemeinsam: Sie war pflegeintensiv. Wurde das regelmäßige Mähen versäumt, bot sich ein Bild, wie Shakespeare es 1599 in seinem *Heinrich V.* beklagt: »Die ebne Wiese, lieblich sonst bedeckt / Mit bunten Primeln, Pimpernell und Klee, / Die Sichel missend, üppig, ohne Zucht, / Wird müßig schwanger und gebieret nichts / Als schlechten Ampfer, raue Disteln, Kletten, / Um Schönheit wie um Nutzbarkeit gebracht.«

Auf den neuen Rasenflächen durften nicht einmal Primeln oder Klee gedeihen. Sattgrün und dicht wie ein Teppich sollten die Gräser stehen, entsprechend viel Pflege war gefordert. Das kostbare Ergebnis wurde dann von Albertus stolz und erhoben auf Rasenbänken präsentiert, »blühend und anmutig, gleichsam zur Hälfte als Sitzgelegenheit eingerichtet, zur Erquickung der Sinne und zur vergnüglichen Ruhe der Menschen, die den Garten besuchen«. Als derart elitär, als Zeichen höchster Würde galt das grüne Vergnügen, dass mittelalterliche Madonnen oft auf einer Rasenbank sitzend porträtiert wurden.

So blieb es, bis mit dem Zeitalter der Aufklärung auch eine grüne Revolution anbrach: Großzügige, der Natur nachempfundene Landschaftsgärten in englischem Stil lösten die gezwungenen Beet-Arabesken des Rokoko ab. Ein Hauptelement dieser großen Parks waren weitläufige, schön geschwungene Rasenflächen, und deren scheinbar ungezwungene Linien galten als gewachsene Überwindung des Absolutismus. Eine naheliegende Wahl: Im feuchten, milden Klima Großbritanniens gedeiht das üppige Smaragdgrün wie nirgendwo sonst. Allerdings brauchten solche *pleasure grounds* regelmäßigen, häufigen Schnitt – und das bedeutete schweißtreibende, rückenzermürbende und nicht ganz ungefährliche Handarbeit mit Sense und Sichel. Allein im Park des Blenheim Palace waren täglich 50 Männer damit beschäftigt, das grüne Statussymbol zu pflegen. So blieb der Rasen ein exklusives Privileg, bis der englische Ingenieur Edwin Beard Budding 1830 nach dem Vorbild einer Stoffschneidemaschine den Rasenmäher erfand. Das war die nächste grüne Revolution: Mit dem Spindelmäher war der Traum vom Rasen plötzlich für jeden erfüllbar, der auch nur ein

Eine der berühmtesten Naturstudien überhaupt: Dürers legendäres »Rasenstück« mit Knäuelgras und Breitwegerich, Ehrenpreis, Schafgarbe, Gänseblümchen und Löwenzahn würde heute als schicke, trendige Naturwiese durchgehen. | Albrecht Dürer, *Das große Rasenstück* (1503); Wien, Graphische Sammlung Albertina kleines Stück Land bewirtschaftete. Das passte perfekt zur Welle von Natursehnsucht, die gleichzeitig mit der industriellen Revolution hochschwappte: der beruhigend grüne Rasen als Zuflucht vor einer zunehmend weniger idyllischen Umwelt. Und nicht zuletzt als neues Hobby, denn Budding hatte richtig prophezeit: »Meine Maschine selbst zu benutzen könnte sich für Gentlemen auf dem Lande als amüsante, nützliche und gesunde Aufgabe erweisen.«

Der englische Rasen ermöglichte nicht nur die Geburt neuer Sportarten wie Fußball, er wurde Legende und Lebensgefühl zugleich. Er war derart sakrosankt, wie *Asterix bei den Briten* es vorführt. Eben hat ein mit der Sichel das Grün pflegender Brite in stolzem Understatement festgestellt: »Mit noch 2000 Jahren Pflege wird mein Rasen recht akzeptabel sein«, da latscht auch schon eine komplette römische Patrouille über das geheiligte Grün. Mit einem Riesenspieß hält der ergrimmte Gärtner sie auf. »Beim Jupiter, Brite!«, herrscht ihn der Zenturio an, »du stellst dich dem Marsch der Repräsentanten Roms in den Weg?!« Die Antwort: »Mein Garten ist kleiner als Rom, aber meine Lanze ist härter als euer Brustbein!«

Doch der sprichwörtliche englische Rasen hatte nicht nur Freunde: »Natur ist so unbequem«, maulte Oscar Wilde. »Der Rasen ist hart, uneben und feucht, und zudem wimmelt es von grässlichen schwarzen Insekten.« Nach und nach wurde genau diese von Insekten wimmelnde Natur wieder modern, und der gepflegte Rasen, der einst gekünstelte barocke Gartenelemente abgelöst hatte, seinerseits zum Inbegriff beschränkter Bürgerlichkeit. Um die Dursleys, Harry Potters megaspießige Verwandte, aus dem Haus zu locken, macht man ihnen weis, sie hätten den *All England best kept Suburban Lawn-Competition* gewonnen – den Wettbewerb

um den gepflegtesten Vorstadtrasen. Dessen Pflege, begleitet vom höllischen Lärm von Rasenmähern und Kantenschneidern, wurde beliebtes Sujet nachbarschaftlicher Kriege. Viele Amateurpsychologen sahen nun in eifrigen Gärtnern den Inbegriff verschlagener kleinbürgerlicher Bösartigkeit, die sich am Unterlegenen austobt, oder – wenn schon, denn schon – gleich verkappte Mörder. So zum Beispiel die österreichische Schauspielerin Erika Pluhar: »Unter dem unschuldsvollen Mäntelchen der ›Gartenpflege‹ verbirgt sich potenzielle Mordlust, man sehe nur die nahezu lüsternen Gesichter der ewigen Rasenmäher und Sträucherstutzer, wie sie aus ihren Gärten ›Zucht und Ordnung‹-KZs machen.«
Der Sänger und Satiriker Georg Ringsgwandl brachte es schließlich auf den Punkt: »Scharf rechts hinterm Mond, wo der Gartennazi wohnt. / Sein Dobermann heißt kleiner Bazi, / die Frau heißt Mutti oder Schatzi, / sie haben ein Miezi, das heißt Katzi / er selber ist der Gartennazi. / Der immer rumschleicht, spioniert, andre ärgert, drangsaliert, / er gehört zu dieser Art von Leut', / die mit der Nagelschere den Rasen schneid't.«
Der Begriff war einfach zu schön, um nicht aufgegriffen zu werden. So bezeichnete der Sänger Reinhard Mey die Nachbarn auf Sylt, deren intensive Rasenpflege ihn störte, in einem publizistisch vielbeachteten Riesenkrach als Gartennazis, und der Satiriker Stefan Raab setzte noch eins drauf: »Ihr Faschisnen Gartennazis / ihr wollt doch alle nur mein Geld / denn heute mäht ihr noch Sylt / und morgen die ganze Welt. / Ihr glaubt wohl, mit mir könnt ihr's machen / doch bald da ist es zu spät / denn ab 5:45 wird zurückgemäht.«
Rasenmäher versus Wildwuchs-Anhänger – das wird noch lange ein Thema bleiben. Der britische Biologe Dave Goulson

versuchte es 2019 in seinem Buch *Wildlife Gardening* mit einem Kompromissvorschlag: »Die meisten von uns müssen zugeben, dass der streifige, grüne, regelmäßig geschnittene Rasen immer noch seinen Platz hat. Andy Murray und Roger Federer zuzusehen, wie sie für ihren nächsten Schlag durch kniehohe Wiesenblumen hechten, könnte für eine Zeitlang ganz amüsant sein, fände aber ganz bestimmt nicht die Zustimmung der Wimbledon-Veranstalter. Aber im Namen des Planeten und unseres Blutdrucks: Entlassen wir das Gras aus dem Schwitzkasten, wo immer wir können.«

Regenwurm | Familie: **Regenwürmer** *Lumbricidae*

kriechen, graben, kringeln, winden

Es ist einfach nur gemein. Er ist einer der nützlichsten Bewohner dieses Planeten – und kaum jemanden schert's. Auf einer Liste der 100 wichtigsten Lebewesen landete er auf Platz eins. Trotzdem wird er nicht gehypt wie zum Beispiel die Bienen. Er kann einfach sehen, wo er bleibt: irgendwo da unten. Genaugenommen kann er nicht einmal das, denn der Regenwurm ist nahezu blind. Zusätzlich hat er ein dickes Imageproblem: Er ist nicht puschelig und großäugig, sondern schlangenförmig und schleimig. Auch auf ein populäres Regenwurm-Gegenstück zur vielgeliebten »Biene Maja« wartet man vergebens. »Ich mache mir Sorgen um den Regenwurm«, meint denn auch der leidenschaftliche Gärtner Dave Goulson. »Vielleicht wirkt das bizarr, aber ich finde, sie werden nicht genug beachtet, ja regelrecht gedisst. Geht es ihnen gut? Hat jemand ein wachendes Auge auf sie? Leider lauten die Antworten a.) wir wissen es nicht; und b.) nicht wirklich. Vielleicht fragen Sie sich, was an Regenwürmern so wichtig sein soll, dass ich mich vor Sorge um sie nachts schlaflos im Bett herumwälze? Nun, diese bescheidenen Tierchen erledigen eine unspektakuläre, aber unverzichtbare Arbeit: Sie sorgen für die Gesundheit unserer Böden und recyceln totes organisches Material. Damit dürften Regenwürmer mehr zur Gesundheit unserer Ökosysteme und zum Wohlergehen der Menschheit beitragen als Bienen.«

Wie im Leben, so auch in der Literatur: Da ist einfach der Wurm drin, oder vielmehr: eher nicht. Als Witzfigur ist er immerhin gut genug: *Hört ihr die Regenwürmer husten?* heißt ein bekanntes Kinderlied, und Heinz Erhardt dichtete: »Am Fuß von einem Aussichtsturm / saß ganz erstarrt ein langer Wurm. / Doch plötzlich kommt die Sonn' herfür / erwärmt den Turm und auch das Tier. / Da fängt der Wurm an sich zu regen, / und Regenwurm heißt er deswegen.«

Doch besser so als ernsthaft, denn dann wird es richtig schrecklich für das arme Tier. Schon in der Bibel diente der »Wurm« als Inbegriff alles Schwachen, Jämmerlichen und Verächtlichen: »Ich aber bin ein Wurm und kein Mann, der Menschen Hohn und der vom Volk Verachtete«, klagt König David im 22. Psalm. Und auch das Ende von König Herodes ist nicht wirklich erfreulich: »Alsbald schlug ihn der Engel des Herrn, darum dass er die Ehre nicht Gott gab; und ward gefressen von den Würmern und gab den Geist auf.«

Bei solchen Bildern blieb es: War etwas Erbärmliches, Verabscheuungswürdiges zu beschreiben, kam der Wurm gerade recht. In *Kabale und Liebe* tauft Friedrich Schiller den intriganten Sekretär »Wurm«. Da weiß jeder Zuschauer auf Anhieb, was zu erwarten ist: eine unappetitliche, schmierige Existenz, die sich schleimig zu Füßen der Mächtigen krümmt und sich unterirdisch zum Ziel wühlt. Um noch eins draufzusetzen, beschreibt ihn der Dichter so: »Als hätt' ihn irgendein Schleichhändler in die Welt meines Herrgotts hineingeschachert – die kleinen tückischen Mausaugen – die Haare brandroth – das Kinn herausgequollen, gerade als wenn die Natur für purem Gift über das verhunzte Stück Arbeit (ihn da) angefasst und in irgendeine Ecke geworfen hätte.«

So viel zum sozialen Status des Regenwurms. Geht es noch fieser? Ja: in Goethes *Faust*. Der hat es gerade geschafft, einen mächtigen Geist herbeizuzitieren: »Der du die weite Welt umschweifst / Geschäftiger Geist, wie nah fühl ich mich dir!« Nur, um mitten im Höhenflug gnadenlos zurechtgestutzt zu werden: »Bist du es, der, von meinem Hauch umwittert, / In allen Lebenslagen zittert, / Ein furchtsam weggekrümmter Wurm? … Du gleichst dem Geist, den du begreifst, nicht mir.« So buchstäblich geerdet, bleibt Faust nur ein vernichtendes Fazit: »Wie nur dem Kopf nicht alle Hoffnung schwindet, / Der immerfort an schalem Zeuge klebt, / Mit gier'ger Hand nach Schätzen gräbt, / Und froh ist, wenn er Regenwürmer findet! … Den Göttern gleich ich nicht! zu tief ist es gefühlt; / Dem Wurme gleich ich, der den Staub durchwühlt, / Den, wie er sich im Staube nährend lebt, / Des Wandrers Tritt vernichtet und begräbt.«

Da irrt der Doktor. Der Wurm nährt sich nicht vom Staube, im Gegenteil: Er ernährt ihn und damit uns alle. Er reichert diesen Staub in seinem Verdauungstrakt mit organischen Substanzen an und verwandelt ihn so in fruchtbare Erde. Auf diese Kraft zur Transformation spielt schon Shakespeares Hamlet an, wenn er meint: »Jemand könnte mit dem Wurm fischen, der von einem König gegessen hat, und von dem Fisch essen, der den Wurm verzehrte.« Dennoch – Bewunderung erregte höchstens die Regenerationsfähigkeit der kleinen Tiere: »Kein zerschnittener Wurm / ist so zäh wie der Mensch, / den man in die Sonne / von Liebe und Hoffnung legt«, schrieb Hilde Domin. Finstere Hoffnungslosigkeit und ein Land, in dessen Gesellschaft der sprichwörtliche Wurm drin war, erlebten dagegen Heines schlesische Weber: »Ein Fluch dem falschen Vaterlande / Wo nur gedeihen Schmach und Schande / Wo jede Blume früh geknickt / Wo Fäulnis und Moder den Wurm erquickt – wir weben, wir weben!« Auch Friedrich Nietzsche hielt den Regenwurm für ein Geschöpf,

das jeden Grund zur Bescheidenheit hat: »Der getretene Wurm krümmt sich. So ist es klug. Er verringert damit die Wahrscheinlichkeit, von Neuem getreten zu werden. In der Sprache der Moral: Demut.«
Zwar hatte schon Aristoteles Regenwürmer als »Eingeweide der Erde« erkannt und gewürdigt, doch die verbal zu Boden getretenen Tiere mussten danach lange darauf warten, dass sie und ihre unschätzbare Arbeit wieder jemand ernst nahm. 1881 war es endlich so weit: Da erschien das Buch *Die Bildung der Ackererde durch die Tätigkeit der Würmer.* Darin offerierte kein Geringerer als Charles Darwin nach jahrzehntelangen Beobachtungen eine völlig neue Sichtweise: »Man kann wohl bezweifeln, ob es noch viele andere Tiere gibt, welche eine so bedeutende Rolle in der Geschichte der Erde gespielt haben wie diese niedrig organisierten Geschöpfe ... Es ist wunderbar, wenn wir uns überlegen, dass die ganze Masse des oberflächlichen Humus durch die Körper der Regenwürmer hindurchgegangen ist und alle paar Jahre wiederum durch sie hindurchgehen wird.« Doch nicht nur Bauern und Gärtnern, auch der Wissenschaft dient der unermüdliche kleine Wühler: »Die Archäologen wissen wahrscheinlich nicht, wie viel sie in Bezug auf die Erhaltung antiker Gegenstände den Würmern verdanken. Wenn Münzen, goldene Schmuckgegenstände, Steinwerkzeuge usw. auf die Oberfläche des Bodens fallen, so werden sie ganz untrüglich in einigen wenigen Jahren von den Exkrementhaufen der Würmer begraben und dadurch sicher aufbewahrt werden, bis in irgendeiner späteren Periode das Land einmal wieder umgestürzt wird.« Ist es also ein Zeichen kollektiver Dummheit, dieses hilfreiche Tier so gering zu schätzen, wie wir es heute tun? Vermutlich schon, denn, so der berühmte Gärtner und Autor

Christopher Lloyd: »Überall wo Regenwürmer pflügen, geht es den Menschen gut. Wenn die Würmer sterben, kollabieren Gesellschaften.« Den philosophischen Hintergrund dazu liefert Benedikt Erenz in der *Zeit*, in der Rezension eines Buches über Regenwürmer: »Wir wissen ja nicht wirklich auf Erden, was das Bedeutende ist und was das Unbedeutende.«

Rose | Gattung: **Rosen** *Rosa*

betten, regnen, blühen, streuen, züchten, pflanzen, duften

Es gibt nichts, was über die Rose nicht schon gesagt worden ist – und das sagt eigentlich alles: Sie ist die Königin der Königinnen. Die, »die allen Schmuck der Gewächse / Alsbald an Kraft und Duft, wie man sagt, so weit überstrahlt, / Dass man mit Recht als die Blume der Blumen sie hält und erkläret«. Als Walhafried von Strabo das um 840 schrieb, war die Rose schon ein gutes Jahrtausend ein Superstar. Das Geschenk Allahs, die Blume der Göttinnen, der Liebe, der Jugend, der Schönheit und der »rosenfingrigen« Morgenröte. »Ich liebe die Rose als das Vollkommenste, was unsere deutsche Natur als Blume gewähren kann«, schwärmte Goethe, und da war er nicht allein. Die Rose hält noch einen weiteren Superlativ: Unübersehbar ist die Zahl der Kunstwerke, die sie in Bild und Schrift verherrlichen, so verwirrend wie die Zahl der Rosen selbst: »Oh, wer um alle Rosen wüsste, / die rings in stillen Gärten stehn – / oh, wer um alle wüsste, müsste / wie im Rausch durchs Leben gehn«, meinte Christian Morgenstern. Natürlich ist da nicht von den armen Gewächsen die Rede, die duftlos, zurechtgestutzt und plastikfarben als öffentliches Grün ihrem traurigen Schicksal überlassen sind. Echte Rosen sind kräftige Sträucher, üppig und überschwänglich, wunderbar duftend und immer mit dieser Aura von Eigensinn und unbezähmbarer Wildheit – vor allem aber hinreißend schön. Schon die einfache wilde Heckenrose gilt als Musterbeispiel des Goldenen Schnitts, jener perfekten Harmonie aus Linien, Winkeln und Proportionen, die für das menschliche Auge kulturübergreifend die Schönheit an sich verkörpert. Doch die Rose – und das macht ihren speziellen Reiz aus – ist keine glatte, makellose Schönheit wie eine Lilie oder eine Tulpe. Sie ist ein ambivalenter Charakter, unzugänglich auf der einen, unwiderstehlich auf der anderen Seite. Das Märchen von *Dornröschen* liefert da die passende Symbolik: Hundert Jahre hat die Dornenhecke unzählige unglückliche Prinzen zu Tode gequält. Dann kommt der Richtige im richtigen Moment, und siehe: »Als der Königssohn sich der Dornenhecke näherte, waren es lauter große schöne Blumen, die taten sich von selbst auseinander und ließen ihn unbeschädigt hindurch, und hinter ihm taten sie sich wieder als Hecke zusammen.«

Rosendornen sind genaugenommen Stacheln, die im Gegensatz zu den fest mit dem Stängel verbundenen Dornen nur auf der Oberseite aufsitzen. Furchterregend sind sie trotzdem. Es gibt Rosensorten, die derartig aufgerüstet haben, dass der Knab', der das arme unschuldige Heideröslein stehen sah, gegen ihre Militanz schlicht keine Chance gehabt hätte. Doch das war offenbar kein ganz so rabiates Gewächs: »Und der wilde Knabe brach / 's Röslein auf der Heiden; / Röslein wehrte sich und stach, / Half ihm doch kein Weh und Ach, / Musst' es eben leiden.« Goethes immer wieder vertontes Gedicht gehört zu denen, in denen Rosen für die sprichwörtliche Verbindung von Schönheit, Eros und Schmerzen stehen: Keine Rose ohne Dornen.

Und keine Rose, die nicht schnell verblüht. Sie ist eine kurze Chance, die genutzt werden will: »Lasset uns Kränze tragen von jungen Rosen, ehe sie verwelken«, heißt es in der Bibel. Die Rosenblüte steht eindrucksvoll für die Vergänglichkeit aller Schönheit: »Ich sah des Sommers letzte Rose stehn, / Sie war, als ob sie bluten könne, rot; / Da sprach ich schaudernd im Vorübergehn: / So weit im Leben, ist zu nah am Tod! / Es regte sich kein Hauch am heißen Tag, / Nur leise strich ein weißer Schmetterling; / Doch, ob auch kaum die Luft sein Flügelschlag / Bewegte, sie empfand es und verging.« Was Friedrich Hebbel elegisch mitempfand, nutzte Heine zu einer spöttischen Parabel auf zu späte Liebe: »Eine Rosenknospe war / Sie, für die mein Herze glühte / Doch sie wuchs, und wunderbar / Schoss sie auf in voller Blüte. / Ward die schönste Ros im Land, / Und ich wollt die Rose brechen, / Doch sie wusste mich pikant / Mit den Dornen fortzustechen. / Jetzt, wo sie verwelkt, zerfetzt / Und verklatscht von Wind und Regen. / Liebster Heinrich bin ich jetzt, / Liebend kommt sie mir entgegen. / Heinrich hinten, Heinrich vorn, / Klingt es jetzt mit süßen Tönen; / Sticht mich jetzt etwa ein Dorn, / Ist es an dem Kinn der Schönen. / Allzu hart die Borsten sind, / Die des Kinnes Wärzchen zieren – / Geh ins Kloster, liebes Kind, / Oder lasse dich rasieren.«

Rosen können durchaus auch Militanz repräsentieren: Rosenkriege, die im England des 15. Jahrhunderts tatsächlich geführt wurden, stehen heute als Symbol für eine besonders schmutzige Trennung. Franz Ferdinand, Erzherzog und Thronfolger von Österreich-Ungarn, soll all seinen Gärtnerehrgeiz darangesetzt haben, die mythische schwarze Rose zu züchten. Die, ein Unglücksomen, erblühte dann prompt zum ersten Mal, als er im Juni 1914 in Sarajevo ermordet wurde.

Eine echte Rose hat keine Besitzer, sie hat Servicepersonal, langmütig, leidensfähig und dienstbereit. Das braucht sie auch. So robust wie manche Rosensorten sein können, so zimperlich, launisch und kränklich sind andere. Als Rainer Maria Rilke 1922 einen Garten bekam, schwärmte er einer

Rose mit Raupen: Die Sympathieträgerin wird hier als Begleiterin für Schmetterlingsraupen und -puppen genutzt. Naturstudien wie diese »Metamorphose« waren zur damaligen Zeit eine Novität und eine Sensation. | Maria Sibylla Merian, *Rosen mit Lepidoptera Metamorphose* (um 1705); London, The Natural History Museum

Freundin in typischer Anfänger-Euphorie vor: »Daran zu denken ist wirklich ein Glück! Rosen! Ich werde einmal Rosen haben ... Eine Rosenschar, ein Volk von Rosen. Das Rosenwunder. Quel Miracle!« »Sprechen wir nicht von dir«, hatte er dieses Wunder vorher angeschwärmt, »du bist deiner Natur nach unaussprechlich. / Andere Blumen schmücken die Tafel, / du verklärst sie. / Man stellt dich in eine Vase / und schon wandelt sich alles: / Es ist vielleicht die gleiche Melodie, / aber gesungen von einem Engel.« Umso härter traf Rilke dann der Realitätsschock: Da war nichts mehr rosig, denn statt mit Engeln hatte der Dichter es nun ganz prosaisch mit Pilzen, Blattläusen und Raupen zu tun. »Mein Garten kommt mir manchmal wie ein Blumenspital vor«, klagte er einer Freundin. «Fast täglich verbringe ich einige Augenblicke bei meinen Rosen, um für sie zu kämpfen, da ihre Dornen gegen ihre schlimmsten Feinde nicht wirksam sind.«

La vie en rose, jedem Gärtner nur zu vertraut. Zum Glück endet es tatsächlich regelmäßig mit einem Wunder: Sobald sie blühen, ist alles vergessen. Auch Rilkes Faszination blieb derart ungebrochen, dass er sich sogar selbst den Grabspruch wählte: »Rose, / oh reiner / Widerspruch, / Lust, / Niemandes / Schlaf / zu sein / unter so viel Lidern.« Eine Rose ist nun mal eine Rose, ist eine Rose, ist eine Rose, so wie in Gertrude Steins berühmtem Gedicht – und damit kann sie sich alles erlauben.

Rotkehlchen | Art: **Rotkehlchen** *Erithacus rubecula*

singen, zwitschern, trällern, hüpfen, flattern, nisten

Das Rotkehlchen ist der Gärtnervogel schlechthin. Wohl jeder, der im grünen Revier buddelt, werkelt oder spazieren geht, hat sich dabei schon an der Gesellschaft des zierlichen Vogels mit dem perlenden Gesang und der rostroten Brustmarkierung erfreut. Rotkehlchen sind Menschen gegenüber auffallend zutraulich, entsprechen mit ihrer Kugelform und den großen dunklen Augen perfekt dem Kindchenschema und werden entsprechend kultur- und zeitübergreifend geliebt und verklärt. »Friedlich sank der Abendschein / Hinter fernen Gipfeln, / Nur ein kleines Lied allein / Klang noch aus den Wipfeln. / Und was dieser Vogel sang / Mit der rothen Kehle, / Zog mit gleichgestimmtem Klang / Mir durch meine Seele«, schrieb Heinrich Seidel. Ein kleiner Seelenfreund also, ein Glücksvogel.
Rotil oder *Rotilo* hieß es im Althochdeutschen, daraus wurden im 16. Jahrhundert das neuhochdeutsche Rötele und später eine Vielzahl regionaler Bezeichnungen für den populären kleinen Vogel. Wilhelm Busch schrieb über ihn ein geradezu zärtliches Gedicht: »Rotkehlchen auf dem Zweige hupft / wipp, wipp / hat sich ein Beerlein abgezupft / knipp, knipp / lässt sich zum klaren Bach hernieder, / tunkt's Schnäblein ein und hebt es wieder / stipp, stipp, stipp, stipp / und schwingt sich wieder in den Flieder. / Es singt und piepst / ganz allerliebst, / zipp, zipp, zipp, zipp, tirili, / sich seine Abendmelodie / steckt's Köpfchen dann ins Federkleid / und schlummert bis zur Morgenzeit.«

Die Harmlosigkeit in Person, süß und freundlich. Genau so ging das Rotkehlchen in die christliche Mythologie ein. Ein Rotkehlchen soll es gewesen sein, das dem gekreuzigten Christus seine Leiden zu erleichtern versuchte, indem es ihm wahlweise einen Dorn der Dornenkrone aus der Stirn zog oder ihn mit seinem perlenden Gesang ermutigte. Dabei befleckte es sich mit Blut und trägt seitdem als Auszeichnung das rote Mal.

Unter gewissen Umständen war das Rotkehlchen jedoch auch ein Todesbote, doch ein derart mitleidiger und wohltätiger, dass es uralten englischen Sagen zufolge unbegrabene Verstorbene mit Blättern und Moos bedeckte. In einer Ballade von 1595 sind es zwei ausgesetzte Kinder: »Thus wandered these poor innocents / Till death did end their grief / In one another's arms they died / As wanting due relief / No burial this pretty pair / Of any man receives / Till Robin Redbreast piously / Did cover them with leaves.«

Nordische Völker verehrten den rotgezeichneten Vogel als Träger und Überbringer der Sonne. Für die Germanen war er sogar ein Vogel des rotbärtigen Gottes Thor, dem Donner und Blitz untertan waren. Ein so kleines Tierchen und ein so mächtiger Gott? Das scheint zunächst unpassend. Doch das zarte und schutzbedürftige Aussehen des Rotkehlchens täuscht ebenso wie sein niedliches Image, das sogar noch der Dadaist Hugo Ball aufgriff: »Zierlich ist deine Seele, dem Rotkehlchen gleich / Und so ängstlich, dass sie bei plötzlichem Wort / Flatternd im Käfig sich stößt.«

Zierlich ist jedoch nur das Äußere des Rotkehlchens. Ansonsten stoßen an seiner winzigen Person Schein und Sein, Image und Realität hart aufeinander. Rotkehlchen sind in Wirklichkeit grimmige Kämpfer, durchsetzungsfähig, dazu

Streng geschützt: Ein Rotkehlchennest am Haus galt lange als Glücksbringer, es zu stören als schwerer Frevel. Auf den Eiern kann das typische rotbraune Sprenkelmuster variieren. | Eier mitteleuropäischer Singvögel: 5 = Rotkehlchen *(Erythacus rubecula)*

einzelgängerisch und mit ausgeprägtem Territorialverhalten. Die niedlichen Sänger sind hochaggressiv, nicht nur Artgenossen, sondern auch schwächeren Vögeln anderer Arten gegenüber, die sie auf begrenztem Raum kurzerhand töten. Auch der rote Schmuck dient nicht etwa christlicher Erbauung, sondern innerartlicher Auseinandersetzung. Er ist, ebenso wie die sehr laute Singstimme, eine deutliche Warnung: Dieses Revier ist besetzt – komm näher, und es knallt! Dieser eindrucksvollen Singstimme wegen war das Rotkehlchen in den Zeiten vor Radio und Fernsehen lange ein beliebter Hausgenosse, und gleich einer mit Kammerjägerfähigkeiten dazu: »Man lässt es in der Stube frei herumfliegen, um die Fliegen wegzufangen«, heißt es 1840, »oder lässt es in der Schlafkammer frei herumlaufen, um die von Flöhen zu reinigen.« Vogelgesang, live und unplugged, bedeutete jahrhundertelang die einzige musikalische Freude, die sich der Durchschnittshaushalt leisten konnte. Die »liebliche Wissenschaft« der Vogelhaltung war deshalb ein wichtiger Teil populärer Kultur und wurde entsprechend ernstgenommen. Das robuste Rotkehlchen galt als »Nachtigall des armen Mannes«, und seine Gesangsqualitäten wurden intensiv diskutiert: »Frei, rein und kräftig, mit unsagbarem Wohllaut in der Stimme reihen sich die Strophen in gemessenen Pausen aneinander«, vermerkt ein Kritiker im Jahre 1901, »und selbst das eigentümliche Vibrieren im Eingang der meisten Passagen des Liedes zeigt Ausdruck und Klangschönheit. Je nach der künstlerischen Leistung des Sängers reihen sich die einzelnen Gesangsteile in mehr oder weniger häufigen Modifikationen aneinander, zeigen aber stets jenen edlen, feierlichen Ernst, jenen elfenhaften Charakter, der das Herz eines gemütstiefen Menschen unwillkürlich für sich einnimmt.« Verhaltensforscher Konrad Lorenz sah das später deutlich nüchterner: »Hat man es sich abgewöhnt, die eigenen Gefühle in das Tier zu projizieren, im Glauben, es müsse den Pfleger lieben, weil er es liebt, dann sieht man in den dunklen Märchenaugen des Rotkehlchens nur die eine, sicherlich wenig gemütstiefe Frage: ›Kriege ich nun meinen Mehlwurm oder nicht?‹«

Das Rotkehlchen-Land ist Großbritannien »Fürs Erste habt Ihr gelernt, an einem Liebesliede Geschmack zu finden wie ein Rotkehlchen,« heißt es 1590 in Shakespeares »Zwei Herren aus Verona«. »Art thou the bird whom Man loves best«, schrieb William Wordsworth, »The pious bird with the scarlet breast, / Our little English Robin / The bird that comes about our doors / When autumn winds are sobbing?« 2015 gewann das Rotkehlchen mit großem Vorsprung eine Abstimmung über den britischen »Nationalvogel«. Zu seiner Popularität trägt auch seine Rolle als Weihnachtsbote bei. In der Zeit Königin Victorias gab es erstmals ein gut organisiertes Postwesen. Am sehnsüchtigsten warteten die Viktorianer regelmäßig auf ihre Weihnachtspost, und die wurde, wie alle Briefe, von rot befrackten Boten gebracht, die *robins,* Rotkehlchen, genannt wurden. So dauerte es nicht lange, bis auch das Rotkehlchen selbst zum Weihnachtssymbol avancierte und zusammen mit dem Mistelzweig seinen Weg auf die Weihnachtskarten fand – eine Bildersprache, die inzwischen auch den Kontinent erobert hat.

Viele Legenden um einen kleinen Vogel. Doch die hübscheste ist sicher die, die die besondere Beziehung zwischen ihm und den Gartenfreunden er- und verklärt: Beide, so heißt es, haben einst das Paradies geteilt – und so ist das Rotkehlchen bis heute eine lebende Erinnerung an den Garten Eden.

Schnecke | Klasse: **Schnecken** *Gastropoda*

kriechen, schleimen, raspeln, kleben

»Rötlich dämmert es im Westen / Und der laute Tag verklingt / Nur dass auf den höchsten Ästen / Lieblich noch die Drossel singt. / Jetzt in dichtbelaubten Hecken / Wo es still verborgen blieb / Rüstet sich das Volk der Schnecken / Für den nächtlichen Betrieb. / Tastend streckt sich ihr Gehörne / Schwach nur ist das Augenlicht. / Dennoch schon aus weiter Ferne / Wittern sie ihr Leibgericht. / Schleimig, säumig, aber stete, / Immer auf dem nächsten Pfad, / Finden sie die Gartenbeete / Mit dem schönsten Kopfsalat. / Hier vereint zu ernsten Dingen, / Bis zum Morgensonnenschein, / Nagen sie geheim und dringen / Tief ins grüne Herz hinein. / Darum braucht die Köchin Jettchen / Dieses Kraut nie ohne Arg. / Sorgsam prüft sie jedes Blättchen, / Ob sich nichts darin verbarg. / Sie hat Furcht, den Zorn zu wecken / Ihres lieben gnädgen Herrn. / Kopfsalat, vermischt mit Schnecken, / Mag der alte Kerl nicht gern.«
Was Wilhelm Busch hier so liebevoll und amüsant schildert, ist die niedliche, sozusagen die softe Variante eines Schneckenüberfalls. Rückt das nackte Grauen jedoch in voller Mannschaftsstärke und mit entsprechendem Appetit an, hätte Köchin Jettchen nichts mehr zum Pflücken. Hungrige große Nacktschnecken sind durchaus imstande, ein üppiges Beet in einer einzigen Nacht bodeneben abzufräsen. Da bleibt dem geplagten Gärtner dann nur noch, schluchzend sein Haupt zu verhüllen und anschließend zu Heine zu greifen: »Anfangs wollt ich fast verzagen / Und ich glaubt' ich

trüg es nie; / Und ich hab es doch getragen – / Aber fragt mich nur nicht: wie?«

Passiert so etwas regelmäßig, brechen selbst bei den langmütigsten Tierfreunden die Urtriebe durch. Die Feindschaft zwischen Gärtner und Nacktschnecke ist uralt und absolut – ein Krieg, in dem alles erlaubt scheint: Salz und Gift, Messer, Schere und tückische Fallen auf der einen, Schleimspur, Raspelzunge und rekordverdächtige Vermehrungsrate auf der anderen Seite. Große Nacktschnecken sind die leibhaftige Gärtner-Nemesis, die, wie ihr sagenhaftes Vorbild, jede Art von Hybris blitzschnell zurechtstutzen können. Jede Art von Gartenfreude leider auch.

Was diese fiesen, schleimigen Kriecher so überaus erfolgreich macht, ist die Tatsache, dass sie – außer Gärtnern natürlich – keine natürlichen Feinde haben. Weshalb, das fand der Schriftsteller und Naturforscher Hermann Löns Anfang des 20. Jahrhunderts buchstäblich am eigenen Leibe heraus. Er versuchte zunächst, einige Zootiere mit dicken Nacktschnecken zu füttern, stieß aber auf einhellige Ablehnung, sogar bei den gefräßigen Wildschweinen. »Als der Strauß eine überschluckte, flog sie sofort im hohen Bogen wieder aus ihm heraus. ›Merkwürdig‹, dachte ich, und als Jünger der strengen Wissenschaft nicht gesonnen, mich durch Vorurteile abschrecken zu lassen, strich ich mit dem Zeigefinger über eine Schnecke und kostete ein wenig von dem Schleime. Der Erfolg war glänzend: Erstens gebärdete ich mich wie der Strauß, zweitens musste ich einen Kognak trinken und, als auch das nichts half, einen Bitteren und dann noch einen, drittens verlor ich für drei Tage den Appetit und viertens die Zuneigung eines jungen Mädchens, dem ich in unglaublicher Torheit von meinem Versuche Mitteilung machte, was

zur Folge hatte, dass ich drei Wochen schwer an Dichteritis erkrankte und eine ganze Kommodenschieblade voller Lyrik Lenauscher Art anfertigte, die zum Glück der Nachwelt nicht erhalten blieb.«

Ähnlich ergeht es Generationen später Ron Weasley, Harry Potters bestem Freund, der den gemeinsamen Erzfeind mit einem herzhaften »Eat slugs, Malfoy!«, »Friss Nacktschnecken!«, verwünschen will – und sich dank eines kaputten Zauberstabs den Fluch selber einfängt. Die nächsten Stunden verbringt er mit dem Hervorwürgen unzähliger schleimiger Weichtiere. Löns hätte ihn sicher bedauert: »Als ich später las, dass im Dreißigjährigen Krieg halbverhungerte Bauern diese Schnecken gegessen hätten, da erst ging mir die Schauderhaftigkeit jener Zeit in ihrem vollen Umfange auf. Übrigens macht man aus diesen Tieren ein ausgezeichnetes Hustenmittel, indem man sie mit Zucker bestreut und den auf diese einfache Art gewonnenen Sirup Kranken einflößt, worauf diese aus Angst, noch mehr davon ausstehen zu müssen, sich sofort das Husten verkneifen.«

Die Nacktschnecke als Inbegriff des Widerlichen. Doch nicht alle Artgenossen haben ein so miserables Image. Die prächtige, geradezu majestätische Weinbergschnecke gilt den Menschen im Gegenteil als begehrter Leckerbissen und war – nicht Fisch, nicht Fleisch – in Klöstern eine beliebte Fastenspeise. Gehäuseschnecken, die deutlich weniger Schaden anrichten, sind mit ihren bildhübschen, oft bunten Häuschen regelrechte Sympathieträger. Vor allem war es ihre gemessene Ruhe, die Schnecken immer wieder in die Literatur eingehen ließ, und die wirkte je nach Standpunkt des Betrachters unterschiedlich. Heine benutzt sie als Symbol seiner endlosen Krankheit: »Stunden, Tage, Ewigkeiten / Sind es, die wie Schnecken gleiten; / Diese grauen Riesenschnecken/ Ihre Hörner weit ausrecken.«

In Virginia Woolfs Kurzgeschichte *Kew Gardens* dagegen tritt die beharrliche, bedachtsame kleine Schnecke als filigranes Pausenzeichen zwischen verschiedenen vorbeikommenden Menschenpaaren auf: »Im ovalen Blumenbeet schien sich die Schnecke, deren Haus für die Spanne von zwei Minuten rot, blau und gelb gefleckt war, jetzt sehr sachte in ihrem Haus zu regen. Bevor sie entschieden hatte, ob sie dem gewölbten Zeltdach eines toten Blattes ausweichen oder es angehen sollte, erschienen neben dem Beet die Füße anderer menschlicher Wesen … Abgesehen von der erforderlichen Anstrengung, ein Blatt zu übersteigen, zweifelte sie, ob die feine Textur des Blattes, das schon, wenn es von der Spitzte ihrer Fühler berührt wurde, mit einem derartig alarmierenden Geknister erzitterte, ihr Gewicht aushalten würde; und das bewog sie schließlich, unten hindurch zu kriechen, denn da war eine Stelle, an der das Blatt hoch genug vom Boden abgehoben war, um dies zuzulassen.«

Die Entdeckung der Langsamkeit: das sprichwörtliche Schneckentempo. Dazu eine fein gezeichnete Welt en miniature, als Kontrast zur großen, die eilig und achtlos vorübergeht. Dabei würde sich ein näherer Blick lohnen: Das Liebesleben der Mollusken zum Beispiel lässt heutige Gender-Aktivisten ideenlos aussehen: Schnecken sind Zwitter, paaren sich hingebungsvoll, oft über Stunden, und beschießen einander dabei mit hormongetränkten Kalkpfeilen. Ihr scheinbarer Spaß am variantenreichen Sex bewog die mittelalterliche christliche Kirche denn auch prompt dazu, sie zum Sinnbild verderblicher Wollust zu erklären und ihnen gleich noch eine zweite Todsünde anzuhängen: die Trägheit.

Heute fasziniert eher die nahezu meditative Ruhe als Gegenentwurf zur immer hektischeren Beschleunigungsgesellschaft. Die exzentrische Thrillerautorin Patricia Highsmith erklärte Schnecken zu ihrem persönlichen Wappentier und trug fast ständig welche bei sich – etwa bei einer Cocktailparty, zu der sie in ihrer Handtasche um die hundert Schnecken und einen riesigen Salatkopf mitbrachte. Und der Dichter Joachim Ringelnatz hatte, vermutlich nicht ganz nüchtern, einfach seinen Spaß mit den Mollusken: »Wenn du einen Schneck behauchst / Schrumpft er ins Gehäuse / Wenn du ihn in Kognak tauchst / Sieht er weiße Mäuse.«

Abb. S. 142–143: Opulenter, süßer Herbst: Das verlockende Stillleben stammt eindeutig aus dem Süden. Die Gefleckte Weinbergschnecke, *Helix aspersa*, bevorzugt mildes Klima. | Giovanna Garzoni, *Stillleben mit Weintrauben, Birnen und einer Schnecke* (1650); Florenz, Palazzo Pitti, Galleria Palatina

Schneeglöckchen | Gattung: **Schneeglöckchen** *Galanthus*

recken, entdecken, läuten, grüßen, künden

So viel Einigkeit ist selten. Ob Städter oder Landei, ob Gärtner oder jemand, dem Grünzeug eher gleichgültig ist – der Charme des ersten Schneeglöckchens lässt niemanden kalt. Wie es da mitten in der düsteren Jahreszeit plötzlich auftaucht, so winzig, so hell und so zierlich, scheint es als kleines Wunder tief an wintermüde Herzen zu rühren. Würde es mitten in der üppigen Junivegetation blühen, würde das kaum jemanden kümmern, aber für den frühen Solo-Start wird die kleine Blume mit Zuneigung regelrecht überschüttet. Vor allem von den Dichtern: »Das Beet, schon lockert / Sichs in die Höh, / Da wanken Glöckchen / So weiß wie Schnee«, heißt es bei Goethe. Nur die viktorianischen Briten tanzten völlig aus der Reihe: Ihnen war die blasse Blüte ein Todesbote, und ein Strauß Schneeglöckchen im Haus sollte sogar Unglück bringen.

Der britische Autor Beverley Nichols ließ sich davon glücklicherweise nicht abschrecken und zelebrierte seine Schneeglöckchensträuße als winterliche Meditation. Es mussten allerdings *Galanthus elwesii* sein, eine großblumige Sorte: »Sie ist zwar kostspieliger, aber wenn Sie so aussehen würden, lieber Leser, würden Sie auch im Wert steigen. Ich bin nie glücklicher, als wenn ich die Schneeglöckchen aus dem Seidenpapier nehme und jede Blume einzeln mit tiefster Ehrfurcht in die Schale stecke. Sieht man sie von einem Ende des Zimmers an, dann schimmern sie silbern, vom andere Ende rosa. In mancher Beleuchtung sehen sie sogar tiefblau aus. Warum sollte man außerhalb zu Abend essen, wenn man mit den Schneeglöckchen zu Hause bleiben und sich in stiller Einsamkeit an ihnen erfreuen kann? Ein paar Millionen Jahre waren zur Erschaffung eines Schneeglöckchens nötig. Da hat man entschieden das Recht, einige Stunden mit der Betrachtung dieses Ergebnisses zu verbringen.« Mit dieser Liebe war er nicht allein: Auch dem tschechischen Schriftsteller Karel Čapek ging nichts über das erste Schneeglöckchen: »Und ich sage euch, keine Siegespalme, kein Baum der Erkenntnis, kein Ruhmeslorbeer ist schöner als dieser weiße, zarte Kelch am blassen Stengel, der im frostigen Wind schaukelt.«

Das Schneeglöckchen ist in südeuropäischen Wäldern zu Hause, Ende des 16. Jahrhunderts in unsere Gärten gekommen, dort schnell wieder ausgerissen und an vielen Standorten so üppig verwildert, dass es längst als einheimische Pflanze gilt. »Arme Kinder«, heißt es in einer Zeitschrift der Kaiserzeit, »eilen hinaus und pflücken die Erstlinge des neuen Jahres, binden sie zu Sträußchen und tragen sie in die nahe Stadt zum Verkauf. Gern kauft sie der Städter, denn er freut sich, dass es schon im Walde blüht, und dass nach langem, bangem Warten der Frühling im Anzug ist.«

Schneeglöckchen haben es eilig. Sie müssen Samen ansetzen, bevor sich über ihnen das Blätterdach schließt und attraktivere Blüten die bestäubenden Insekten weglocken. Wie genau sie ihren Blitzstart schaffen, ist noch nicht bis ins Letzte erforscht. Manche Wissenschaftler halten es für möglich, dass sie dafür per Thermogenese Schnee und Eis Paroli bieten: Sie verbrennen Kohlenhydrate in der Zwiebel, erwärmen sich dadurch auf etwa acht Grad Celsius und schmelzen sich so den Weg frei. Ihr französischer Name *perce neige* deutet darauf hin, dass sie den Schnee regelrecht durchbohren. Eine andere Theorie lautet, dass die Pflanzen einfach die wärmende Sonnenstrahlung absorbieren und wieder an die Umgebung abgeben. »Sie sind gemischt aus schmachtender Glut und ungelöster Kälte«, nannte das der Philosoph Theodor Lessing. »Eis und Sonne kämpfen in ihnen schweigend.« Etwas derart Niedliches in einer so unwirtlichen Umgebung – das wirkt auf uns Menschen umso rührender, als wir wissen, was dem Schneeglöckchen glücklich verborgen bleibt: Es ist verwundbar. Mäßigen Frost übersteht es gut. Hat es sich aber allzu früh hervorgewagt und es gibt knackige Minusgrade, ist es trotz eigener Frostschutzmittel in jeder Zelle verloren. Was es aber nicht entmutigt: »Schneeglöckchen, ei, bist du schon da?«, fragte Hugo von Hofmannsthal. »Ist denn der Frühling schon so nah? / Wer lockte dich hervor ans Licht? / Trau doch dem Sonnenscheine nicht! / Wohl gut er's eben heute meint, / Wer weiß, ob er dir morgen scheint? / ›Ich warte nicht, bis alles grün; / Wenn meine Zeit ist, muß ich blühn.‹« So zart, so gefährdet und doch so unverdrossen – ein Bild von Ausgesetztsein und Mut, das immer wieder aufgegriffen wurde. Joseph von Eichendorffs *Schneeglöckchen* gelten zwar als ein Höhepunkt deutscher Romantik, haben aber vor der Revolution von 1848 auch einen unübersehbar politischen Hintergrund: »S' war doch wie ein leises Singen / In dem Garten heute Nacht, / Wie wenn laue Lüfte gingen: / ›Süße Glöcklein, nun erwacht, / Denn die warme Zeit wir bringen, / Eh's noch jemand hat gedacht.‹ / 's war kein Singen, 's war ein Küssen, / Rührt die stillen Glöcklein sacht, / Dass sie alle tönen müssen / Von der künftgen bunten Pracht. / Ach, sie konntens nicht erwarten, / Aber weiß vom letzten Schnee / War noch immer Feld und Garten / Und sie sanken um vor Weh. / So schon manche Dichter streckten / Sangesmüde sich hinab, /

Und der Frühling, den sie weckten, / Rauschte über ihrem Grab.«
Deutlicher wurde da im 20. Jahrhundert Richard Dehmel, Vorreiter und Wegbereiter des Expressionismus, der seine Schneeglöckchen in der »eisernen Zeit« des deutschen Militarismus blühen ließ: »Wie sie sich heben / alle die sprießenden Spitzen, / zum Himmel bange / bebend sich richten! / aber droben / die Sonne schläft. / Roh durchs Land die Stürme toben, / lachen kalt der schlichten / furchtsam strebenden Zarten, / heulen ein Lied von Krieg und Streit: / Nur die Starken, Harten / preiset der Reigen / der eisernen Zeit! / Duftlos neigen sich / die weißen reinen / scheuen Köpfchen / zur Erde wieder / entsagend nieder / und weinen / selber ins Grab sich.«
Ganz so schutzlos, wie die Literatur sie gerne sieht, stehen die fragilen Blümchen denn doch nicht da: Schneeglöckchen sind giftig. Galantamin, eines der Alkaloide, die sie enthalten, wird gegenwärtig als Alzheimer-Medikament erprobt, mit vielversprechenden Ergebnissen. Womit sich wohl auch gleich ein jahrtausendealtes Rätsel gelöst hat: In Homers *Odyssee* vergiftet die Zauberin Kirke Odysseus' Männer. Sie verwandeln sich in Schweine, haben also, nüchtern betrachtet, massive Halluzinationen und leiden an schwerer Amnesie. Odysseus bekommt vom Götterboten Hermes als Gegengift eine sagenhafte Heilpflanze: »Ihre Wurzel war schwarz und milchweiß blühte die Blume; Moly wird sie genannt von den Göttern.«
Historiker haben lange gerätselt, wer das Vorbild für die legendäre Moly gewesen sein könnte. Heute wird vermutet, dass diese Pflanze, die das Gedächtnis zurückgeben kann und gegen Halluzinationen wirkt, das Schneeglöckchen ge-

wesen ist. Demnach könnte ihm also eine steile medizinische Karriere bevorstehen. Doch am meisten geliebt werden wird das Schneeglöckchen weiterhin als blühender Charme, als verkörperter Frühling. So, wie Erich Kästner es beschreibt: »Winter macht Inventur / Will sich verändern / Schrieb auf ein Angebot / aus andern Ländern. / Schneeglöckchen ahnen nun, / was sie bedeuten. / Wenn du die Augen schließt, / hörst du sie läuten.«

Tulpe | Gattung: **Tulpen** *Tulipa*

sprießen, blühen, pflücken, verwelken

»Von der Tulpe wird man nicht enttäuscht. In ihrer Geschichte schlummern mehr Rätsel, Dramen und Triumphe, als ein betörter Liebhaber wohl erwarten könnte«, schreibt Anna Pavord in ihrer Kulturgeschichte der populären Gartenpflanze. Eine Blüte wie eine blutrote Flamme, temperamentvoll und verschwenderisch schön – kein Wunder, dass die Orientalin traditionell geliebt, verehrt und kultiviert wurde. Ihre Geschichte beginnt als eine in vielen Variationen erzählte, orientalische Version von *Romeo und Julia:* Ein junger Mann und ein junges Mädchen können zueinander nicht kommen. Als ihm schließlich die Nachricht vom Tod seiner Geliebten überbracht wird, stürzt er sich samt Pferd in eine Schlucht. Dort, wo sein Blut in der Erde versickert, sprießen leuchtende Blumen auf. Bis heute blieb die rote Tulpe eine Blume feuriger Liebe. »Wenn ein Jüngling seiner Angebeteten eine Tulpe schenkt«, berichtete Jean Chardin im 18. Jahrhundert von einer Iranreise, »dann zeigt er ihr durch die Farbe der Blume, wie sehr er für ihre Schönheit entflammt ist, und der schwarze Grundfleck offenbart, dass sein Herz zu Asche verbrannt ist.«
Vor allem die Türkei war Tulpenland. Um die Mitte des 16. Jahrhunderts gelangten die prächtigen Blüten dann von dort als *lis rouges,* als rote Lilien, in europäische Gärten. Die ersten Tulpen Europas blühten zwar in Augsburg, doch zum Schicksal wurden sie dem Land, das sie 1562 erreichten: den Niederlanden. Dabei begann die Beziehung nicht ge-

rade vielversprechend. Die ersten Tulpenzwiebeln wurden schnöde verspeist. Ein Kaufmann rettete einige von ihnen und brachte sie zum Blühen, und Carolus Clusius, der bedeutendste Botaniker des Jahrhunderts, machte die Tulpe bekannt.

Was dann geschah, ist rational nicht erklärbar: Die sonst so nüchternen Niederländer flippten kollektiv aus. Das Tulpenfieber war die erste dokumentierte Börsenspekulationsblase der Welt. Die herrliche Pflanze eignete sich rundum zum Objekt fiebriger Begierde: Schon die Wildart gibt es in verschiedenen Formen und Farben, und sie mutiert leicht, ließ sich also zu immer neuen Gartensorten züchten. Was allerdings seine Zeit dauerte: Vom Samenkorn zur Blüte braucht eine Tulpe ungefähr sieben Jahre. Besonders kostbar machte die ersten Tulpen Europas ausgerechnet eine damals nicht erkannte Krankheit: ein von Blattläusen übertragenes Virus, das ab und zu wunderschön geflammte Blüten verursacht. Die waren dann der Inbegriff eines Spekulationsobjekts: sehr selten und absolut nicht berechenbar.

Die größten Geschäfte wurden an der Börse gemacht, doch das Fieber war kollektiv. Jeder, der nur irgendwie konnte, kaufte, verkaufte und tauschte Zwiebeln. Seltene Tulpen wurden das ultimative Statussymbol: teurer als Gold, Juwelen oder Häuser in Toplage, prestigeträchtiger als alles, was für Geld zu kaufen war. Für den, dem die Zwiebeln unerschwinglich waren, bot sich ein Ausweg: Er konnte sich das Objekt der Träume wenigstens im Bild festhalten lassen. Viele taten das, was zum Boom der holländischen Blumenmalerei jener Jahre führte. Nicht allen Künstlern brachte die Riesennachfrage Glück: Rembrandt etwa verlor große Summen an der Börse; er hatte selbst mit Tulpenzwiebeln spekuliert.

1637 platzte schließlich die Blase im ersten Börsenkrach der Neuzeit. Die Erschütterung war umfassend, doch der Begeisterung tat das keinen Abbruch. Über alle Kriege, Seuchenzüge und politische Umwälzungen hinweg behaupteten die Holländer ihren Rang als erfolgreichste Tulpenzüchter der Welt. Selbst die ähnlich tulpenvernarrten Osmanenherrscher kauften nun ihre Zwiebeln bei ihnen. Alexandre Dumas ironisierte die nationale Passion in seinem Roman *Die schwarze Tulpe*. »Die Blumen verachten heißt Gott beleidigen«, lautet da der Grundsatz der leidenschaftlichen Fans. »Ein Vordersatz, an welchen die Tulpenschule, die unverträglichste aller Schulen, den Schluss knüpfte: ›Je schöner die Blume ist, desto mehr beleidigt man Gott durch ihre Verachtung.‹ Eine Schlussfolge, vermittelst der bei einigem bösen Willen die vier- oder fünftausend Tulpenzüchter in Holland, Frankreich und Portugal mehrere hundert Millionen gegen die Tulpe gleichgültige Menschen hätten für außerhalb des Gesetzes stehend und für Schismatiker erklären können.«
Charles Baudelaire spielte später in seiner *Einladung zur Reise* ebenfalls auf die fanatischen Pflanzenzüchter der Niederlande an: »Wie sie suchen und immer weiter suchen, wie sie die Grenzen ihres Glückes unaufhörlich zurückstecken, diese Gärtner-Alchemisten! Wie sie Preise von hundertsechzigtausend Gulden ausschreiben, wenn nur einer ihre hochfliegenden Versuche wahrmacht! Ich habe sie, habe sie gefunden, meine schwarze Tulpe!«
Zur Zeit des großen europäischen Tulpenrauschs stellte der deutsche Theologe Paul Gerhardt in seinem Lied *Geh aus mein Herz und suche Freud* die natürliche Pracht der Blumen gegen die Eitelkeit des biblischen Königs Salomon: »Narcissus und die Tulipan,/Die ziehen sich viel schöner an/Als

Ein Strauß als Statussymbol: Neben den unbezahlbaren geflammten Tulpen zeugt auch eine rare elfenbeinfarbene Fritillarie vom holländischen Reichtum. Der stammt, das verraten die indischen Schneckenhäuser, aus dem Fernhandel. | Ambrosius Bosschaert der Ältere, *Blumenstillleben mit Tulpen* (um 1620); Den Haag, Mauritshuis

Salomonis seyde.« Im *Romanzero* griff Heine später dieses Motiv auf: »Auch derselbe seidne Pöbel, / Buntgeputzt und vornehm nickend, / Wie ein Beet von Tulipanen.« Zur Goethezeit waren Tulpen dann schon derart weit verbreitet, dass Gartensnobs offenbar naserümpfend auf sie herabblickten: »Tulpen, ihr werdet gescholten von sentimentalischen Kennern / Aber ein lustiger Sinn wünscht auch ein lustiges Blatt.« Lustig ist auch der junge Gärtner, der in Lulu von Strauß und Torneys Ballade *Die Tulipan* seinem Reisekameraden stolz erzählt: »Meine lederne Katze ist von Gulden schwer, / Ich komme weit aus der Fremde, von Holland her. / Mir schenkte mein guter Meister, als ich wandern ging, / hier diese Samenzwiebel, ein edel selten Ding, / Die trägt eine feine Blume, wie keiner im Dorf sie kennt, / Die zwischen den grünen Blättern rot wie Feuer brennt! / In meiner Mutter Garten, bei Minz und Majoran / Da soll mir wachsen und blühen die Blume Tulipan!« Doch daraus wird nichts: Sein Gefährte erschlägt und beraubt ihn, macht dabei aber einen entscheidenden Fehler: »Er scharrte eine Grube im Laub am Straßenrand / Und vergaß die tote Tulipan in der wächsernen Totenhand.« Und so kommt es im Frühjahr, wie es in einer moralischen Ballade nun einmal kommen muss: »Es hebt sich ein grüner Finger aus dürrem Laub herauf, / Der Finger reckt sich höher, wie wenn er droht, / Es bricht aus seiner Spitze ein dunkeltiefes Rot!« Die Leiche wird entdeckt, der Mörder, von der kleinen Tulpe verraten, verliert prompt die Nerven und entgeht seiner verdienten Strafe nicht.

Die Tulpe, Verkörperung eines buchstäblich blühenden Kulturaustauschs zwischen Orient und Okzident, gehört zu den ganz wenigen Blumen, deren Popularität Jahrhunderte wechselnder Gartenmoden nie auch nur antasten konnten.

Ein Frühling ohne Tulpen ist einfach keiner, und die meisten Zwiebeln kommen immer noch aus Holland. Kein Wunder, dass die Niederlande, ebenso wie die Türkei, die Tulpe zur Nationalblume erkoren haben.

Unkraut | Gattung: **Giersch** *Aegopodium*

wuchernd, hartnäckig, meterhoch, gefürchtet, ungeliebt

Sprache ist verräterisch, und wer heute »Unkraut« sagt, kann sich unter Umständen auf Ärger gefasst machen. Ein solches Bekenntnis dazu, das grüne Revier in Gute und Böse einzuteilen, erntet in fortschrittlichen Öko-Kreisen hochgezogene Augenbrauen. Politisch korrekt spricht man da von Beikraut, Spontanvegetation oder Kulturpflanzenbegleiter, weil das so nett klingt, nach einer allumfassenden grünen Multikulti-Harmonie, der sich nur spießige, verstockte Gartennazis verschließen. Natürlich hat dieser Ansatz einiges für sich: Unkraut sind tatsächlich oft die, die einfach am falschen Platz stehen. »Gärtner ... unterscheiden Wetter und Unwetter, Lust und Unlust, Ding und Unding, Kraut und Unkraut«, schreibt Johannes Roth in seiner *Gartenlust.* »Das Unkraut ist ein Unglück und immer im Unrecht. Mit den Kräutern und Unkräutern verhält es sich wie mit Kosten und Unkosten. Kosten sind erwünscht, sie halten die Bilanz im Gleichgewicht, sie mindern die Steuerschuld, Unkosten sind unsittlich.« Dabei können einige der sogenannten Unkräuter durchaus auf der Habenseite stehen: Sie sind schön oder ökologisch nützlich, zeigen die Bodenqualität an und können, wenn sie überhand nehmen, leicht entfernt werden. Aber es gibt auch ganz andere Kandidaten. Die heißen dann zum Beispiel Ampfer, Quecke oder Giersch und können ein artenreiches, buntes Revier ruck, zuck in eine öde Monokultur verwandeln. Ralph Waldo Emerson mag theoretisch recht haben, wenn er sagt: »Unkraut nennt man die Pflanzen, deren Vorzüge noch nicht erkannt wurden«, doch der Haken ist: Der praktische Vorzug dieser Gewächse besteht vor allem in ihrer ungezügelten Durchschlagskraft und der Effizienz, mit der sie zartere Pflanzen beiseiteschubsen, einkesseln oder gleich ersticken und erwürgen. Das sind dann richtige Unkräuter, und unter denen findet jeder Gärtner seinen persönlichen Lieblingsfeind. Nur das letzte Gefecht, das gibt es nie, eher dauernde Frustabfuhr: »Dieses Unkrautjäten hat für mich bei dem jetzigen Schlechtbefinden den Vorteil, ein dauerndes Opium zu sein, dem man sich immer für halbe und ganze Tage überlassen kann«, nannte das Hermann Hesse. Ein ewiger Clinch, in dem man ganz nebenbei lernt, welch entsetzlichen Fluch Gott seinen ungehorsamen Kindern nach dem Sündenfall aufgepackt hat: »Dornen und Disteln soll dir dein Acker tragen.« Eine echte Höllendrohung – und von Giersch oder Ampfer ist hier noch nicht einmal die Rede. Da jeder, der seinen Garten wirklich liebt, ihn keinesfalls mit Chemieduschen traktieren möchte, bleibt da nur der Nahkampf, diese ganz, ganz authentische Auseinandersetzung zwischen Mensch und Natur, für die andere zum Freeclimbing in den Himalaya fahren. Die läuft dann etwa so wie im Frontbericht von Beverley Nichols: »Ein ganz besonders scheußliches Ampferkraut hatte sich breitgemacht, dem ich den Krieg erklärt hatte. Es ist die schlimmste Sorte Unkraut, denn während man es herauszieht, gibt es einen widerlichen glucksenden Laut von sich und bricht ab. Die Wurzeln bleiben in der Erde und man hält krampfhaft das bloße Blatt in der Hand. Dann muss man sich mit einem Spaten bewaffnen und auf das Schlachtfeld zurückkehren. Inzwischen hat man vergessen, wo die abscheuliche Wurzel steckt. In namenloser Wut gräbt man eine Masse Erde heraus und kommt sich vor wie ein Hund, der seinen Knochen sucht. Ist das Glück einem hold, wird man nach zehn Minuten etwas finden, was man für die Ampferwurzel hält. Erst nachdem man seinen Fund fortgeworfen hat, entdeckt man mit Entsetzen, dass man seinen allerbesten Enzian vernichtet hat.«

In solchen Momenten bietet selbst William Shakespeare nur bedingt Trost: »Am meisten Unkraut trägt der fetteste Boden.« Das mag schon sein, doch bei solchen Auseinandersetzungen lernt man wirklich hassen, so echt und archaisch, wie man es sich im zivilisierten Alltag nie erlauben kann. Auch das ist dann, um das Modewort noch einmal zu gebrauchen, richtig authentisch. Und therapeutisch oft noch dazu. Nur das verdammte Unkraut, das geht davon nicht weg. »Hier liegen die Wurzeln des ohnmächtigen Zorns«, meint Johannes Roth: »Dass das Ungerufene, Nichtsesshafte, aber überall Gegenwärtige immer wieder stärker ist als alle gärtnerische Bemühung. Dass da etwas ist, was sich unserem Ordnungsdrang widersetzt. Dass dem Menschen Tag um Tag bewiesen wird: Natur ist stärker als Kultur. Und lebendiger obendrein.«

Wie einige Tierarten, so erkennen auch Gärtner einander sofort an der Reaktion auf einige Schlüsselreize, und das Wort »Unkraut« ist einer der wirksamsten von ihnen. Ist es einmal gefallen, entspinnt sich prompt ein zeitloses, sich überschlagendes Duett, ungefähr so, wie es Nichols festhielt: »›Es war eine richtige WILDNIS!‹ ruft Ada aus. ›Es war schlimmer als eine Wildnis. Es war ein URWALD!‹ ›Die Nesseln standen schulterhoch!‹ ›Und das Gestrüpp erst …‹ ›Und die Winden …‹ ›Und der Giersch …‹ ›Dieser Giersch – schrecklich!‹ Man kann sich fast mit Sicherheit darauf verlassen, dass in diesem Stadium eine der Damen die Behauptung aufstellt, man wer-

de das Wort ›Giersch‹ noch nach ihrem Tode tief in ihr Herz geprägt finden.«
Das hat seine Gründe: Der Giersch gehört zweifellos in die Königsklasse der Unkräuter. Er ist unangenehm lebendiger Beweis für Obelix' geflügeltes Wort: »Die spinnen, die Römer!« Die sollen ihn nämlich einst über die Alpen mitgebracht haben. Als Salatpflanze, obwohl seine geschmacklichen Qualitäten ungefähr in die Rubrik »welkes Möhrenkraut« fallen. Dafür muss man seine Eroberungsfähigkeit umso mehr bewundern: Die unauffällige Pflanze war da effizienter als alle Legionen des Imperiums Romanum zusammen. Giersch ist der Invasor par excellence. »Dir, Eroberer, dir schwellet mein Busen auf«, könnten verzweifelte Gärtner angesichts seiner schier unbesiegbaren Aufmärsche Schiller zitieren, »Dir zu fluchen den Fluch glühenden Rachedursts / Vor dem Auge der Schöpfung, / Vor des Ewigen Angesicht!«
Diesen Eroberer hält nichts und niemand auf. Er schiebt in Rekordgeschwindigkeit lange, unterirdische weiße Wurzeln überallhin, in jede Ritze und durch jeden Wurzelballen. Die sind dann auch noch ausgesprochen spröde, sodass jeder, der unbedacht und zornig an der Pflanze zieht, viele kleine weiße Bruchstückchen produziert. Und aus jedem einzelnen wächst im Zeitraffer eine neue Gierschpflanze. Den weiteren Lauf der Ereignisse hat Jan Wagner zusammengefasst: »nicht zu unterschätzen: der giersch / mit dem begehren schon im namen – darum / die blüten, die so schwebend weiß sind, keusch / wie ein tyrannentraum. / kehrt stets zurück wie eine alte schuld, / schickt seine kassiber / durchs dunkel unterm rasen, unterm feld, / bis irgendwo erneut ein weißes wider- / standsnest emporschießt. hinter der garage, / beim knirschenden kies, der kirsche: giersch / als schäumen, als

gischt, der ohne ein geräusch / geschieht, bis hoch zum giebel kriecht, bis giersch / schier überall sprießt, im ganzen garten giersch / sich über giersch schiebt, ihn verschlingt mit nichts als giersch.«

Und die Moral von der Geschicht? Es wird eine unendliche Geschichte bleiben, denn »Unkraut ist alles, was nach dem Jäten wieder wächst«, so Mark Twain. Der Volksmund hat es ohnehin schon immer gewusst: Unkraut vergeht nicht.

Veilchen | Gattung: **Veilchen** *Viola*

zart, duftend, violett

Es war einer der beliebtesten Poesiealbum-Sprüche überhaupt. Generationen deutscher Mädchen wurden mit ihm zu rollenkonformem Verhalten angeleitet: »Sei wie das Veilchen im Moose / sittsam, bescheiden und rein / und nicht wie die stolze Rose / die immer bewundert will sein.« Eine genaue Beschreibung dessen, was von braven Töchtern erwartet wurde – aber auch ein Riesenirrtum. Das Veilchen gehört zwar zum Niedlichsten, was der Frühling zu bieten hat, aber mit »sittsam, bescheiden und rein« ist es nicht weit her. Im Gegenteil: Veilchen entsprechen diesem Image in keiner Weise. Sie sind vermehrungsfreudig, konkurrenzstark und sexy. Mögen ihre winzigen Blütenschmetterlinge auch so romantisch aussehen wie ein uraltes Glanzbildchen – es ist ein Eindruck, der täuscht, und zwar gewaltig. Heine hat da genauer hingesehen: »Von der Bescheidenheit der Veilchen / Halt ich nicht viel. Die kleine Blum' / Mit den koketten Düften lockt sie / und heimlich dürstet sie nach Ruhm.«

Genauso ist es. Ein einziger Sonnenstrahl genügt, die Camouflage fällt, und vorbei ist es mit Sittsamkeit und Bescheidenheit. Stattdessen überzieht die zierliche Blüte ihre Umgebung mit einem Duft, vor dessen Macht und sinnlicher Intensität sich jede stolze Rose nur verstecken kann. Wie etwas so Winziges derart stark duften kann, grenzt an ein Wunder. So süß, so betörend und so unmissverständlich erotisch ist das Veilchenodeur, dass die unwiderstehliche Kleine geradezu zwangsläufig zur literarischen Verkörperung von Frühling und Liebe wurde: »Kling hinaus bis an das Haus / Wo die Veilchen sprießen! / Wenn du eine Rose schaust / Sag, ich lass sie grüßen.« Auch dieser Klassiker, von Felix Mendelssohn-Bartholdy vertont, stammt vom Veilchen-Fan Heine, ebenso wie die *Frühlingsbotschaft:* »Weißt du, was die hübschen Blumen / Dir Verblümtes sagen möchten? Treu sollst du mir sein am Tage / Und mich lieben in den Nächten.«

Veilchen, »die blauen Frühlingsaugen«, vertreiben endlich den langen, dunklen Winter, und entsprechend werden sie verehrt. Schon in der Antike hat man sie in Gärten kultiviert, und natürlich bekamen sie ihren Platz in der griechischen Sagenwelt: Wenn die Frühlingsgöttin Persephone über die Erde schreitet, sollen Veilchen aus ihren Spuren sprießen – eine Sage, die später auch in den deutschen Sprachraum übernommen wurde. Der Gattungsname *Viola* ist der lateinische Diminutiv des griechischen *íon,* ursprünglich *víon.* Ion, einer der Gründer Athens, soll von Nymphen mit den niedlichen Blumen beschenkt worden sein. Wahlweise lautet die Legende, dass Göttervater Zeus seiner Geliebten, der Königstochter Io, verlockend süße Veilchen angeboten habe. Von dem Wort *viol* ist nicht nur der Gattungsname, sondern auch das deutsche »Veilchen« abgeleitet.

Die altnordische Bezeichnung *tysfiola,* lateinisch *Viola Martis,* geht auf den Kriegsgott Tyr zurück, der auch Himmelsvater war und einen blauen Mantel trug. Auf Island heißt das Veilchen noch heute *týrsfjólia.* Auf Umwegen wanderte dieser Name auch in die deutsche Sprache ein: Aus dem »Veilchen des Kriegsgottes Mars« bildete sich der Name »Mars«-Veilchen, später unser »Märzveilchen«.

Veilchenparfum, für die Dame ebenso wie für den Herrn, wurde im 19. Jahrhundert hochmodern, ein Bouquet der

Sei bescheiden – ganz besonders als Frau! Devot senkt die Madonna den Blick auf das Veilchen, das Symbol für Demut und Sittsamkeit. Eine Rolle, der sich das durchsetzungsfähige Blümchen im richtigen Leben eher verweigert. | Stefan Lochner, *Madonna mit dem Veilchen* (1450); Köln, Kolumba (Leihgabe des Erzbischöflichen Priesterseminars, Köln)

kleinen Frühlingsboten galt als Symbol kultivierter Verehrung, vor allem, wenn es sich um Parma-Veilchen handelte. Diese gefüllte, weiße oder hellviolette Kultur-Art war berühmt für ihren »pudrigen« Duft. Vor allem rund um das französische Toulouse wurden die exquisiten Blüten angebaut, und *la violette de Toulouse* ist bis heute die Wappenblume der Stadt. Auf dem Höhepunkt des Booms exportierte man bis zu 600.000 Sträuße pro Jahr bis ins ferne russische Zarenreich. Erast Fandorin, der vielgeliebte »russische James Bond«, erschaffen von Boris Akunin, kauft 1876 in Moskau Parma-Veilchen für eine gefährliche Schönheit und muss in der Winterkälte extra für die empfindlichen Blumen eine Droschke nehmen. Passenderweise tritt Fandorin in einem Krimi auf, denn Veilchen, die Leben und Tod verbinden, sind in der Literatur ein populäres Motiv: »Es mögen Veilchen / aus Ophelias Körper sprießen«, heißt es beispielhaft im *Hamlet,* »voller Würze / nicht dauerhaft / lieblich / nicht beständig / der Duft und das Gewähren einer Minute.« Georg Trakl nutzt das Motiv der Leben ins Abgestorbene bringenden Pflanze in seinem Gedicht *Im Frühling:* »Balde an verfallener Mauer blühen / Die Veilchen, / Ergrünt so stille die Schläfe / des Einsamen.«

»Die Herrlichkeit der Veilchen ist wie die Herrlichkeit des Islam über alle Religionen«, behauptete der Prophet Mohammed. Der deutsche Kaiser Wilhelm I. liebte es, während der Veilchensaison täglich ein mit blauen Blüten umkränztes Frühstückstablett vorzufinden. Großbritanniens Premier Winston Churchill erkor *Viola* später zur Lieblingsblume, weil sie, so glaubte er, seine eigene Bescheidenheit verkörperte. Was seine Umgebung dazu meinte, ist nicht überliefert. Napoleon favorisierte Veilchen ebenfalls, weil seine große

Liebe Josephine zur Hochzeit ein mit Veilchen besticktes Kleid und einen Veilchenstrauß als Liebessymbole getragen hatte. Zum Hochzeitstag bekam sie von ihm stets ein üppiges Veilchenbouquet, und als das zum ersten Mal fehlte, war das eine knallharte Ankündigung durch die zarte Blume: Der Kaiser wollte die Scheidung. Für Napoleons Anhänger wurde das Veilchen als Wappenpflanze das Gegenstück zur Bourbonenlilie. Auf Elba legte sich der verbannte Kaiser den Namen »Corporal Violette« zu und versprach: »Mit den Veilchen werde ich wiederkommen.« Was er dann im März 1815 auch tat – aber nur für 100 Tage.

Johann Wolfgang von Goethe verlieh seiner Zuneigung zu *Viola odorata* ganz praktischen Ausdruck: Wenn er spazieren ging, trug er oft Veilchensamen in der Tasche, die er unterwegs ausstreute, um »zur Verschönerung der Welt« beizutragen. Noch heute sind manche Weimaraner stolz darauf, »Goetheveilchen« in ihrem Garten zu beherbergen. Sogar rund um Theodor Storms kühle »graue Stadt am Meer«, um Husum, kündeten die blauen Blüten vom kargen Frühling: »Die Kinder haben die Veilchen gepflückt / All, all, die da blühen am Mühlengraben / Der Lenz ist da; sie wollen ihn fest / In ihren kleinen Fäusten haben.«

»Ein Frühlingstag ohne Veilchenduft ist ein verlorener Tag«, so der Arzt und Philosoph Paracelsus. Grund genug, den Garten so üppig wie möglich mit ihnen zu bevölkern, aber das ist gar nicht so einfach, wie es scheint. Veilchen haben ihre Vorstellungen von geeigneten Wohnlagen, und sie wissen sie durchzusetzen. Auch hier weit weniger unbedarft, als sie aussehen, verdanken sie ihre verblüffende Mobilität einer genialen Strategie: süß schmeckenden Ködern an jedem Samenkorn, damit die Ameisen sie schnell und weit verbreiten.

Auf diese Weise, per Ameise und Ausläufer, ist *Viola odorata* einst auch aus dem Mittelmeerraum zu uns gekommen. Und mag Homer dort noch so gemault haben, die Olivenhaine würden vernachlässigt, weil nur Rosen, Veilchen und anderes duftendes »Unkraut« auf den Gartenbeeten gepflanzt seien – unverhoffte Veilchensträuße an ausgefallenen Stellen gehören bis heute zu den nettesten Frühjahrsgeschenken, die ein Garten zu bieten hat.

Wetter

sonnig, regnerisch, nasskalt, wechselhaft, warm, herrlich

»Der Sommer war ungewöhnlich trocken. Tag um Tag blickte man zu einem unerbittlich blauen Himmel empor und flehte um Regen. Aber es kam keiner. Unheimliche Risse klafften in den Rabatten. Die Rosen ließen ihre erhitzten, matten Köpfe hängen. Selbst die Stiefmütterchen streckten ihre violetten Zungen über die ausgedörrte Erde und flehten um Erbarmen.«

Nein, das ist kein heutiges, apokalyptisches Klimawandel-Szenario. In den 1930er-Jahren, als Beverley Nichols diese Dürre schilderte, nannte man so etwas noch schlicht einen heißen Sommer. Heute reden alle vom Wetter. Gärtner haben das schon immer getan, und zwar mit unermüdlicher Ausdauer. »Fakt ist«, stellte Karel Čapek fest, »dass sich zwei Gärtner auf den ersten Blick erkennen. Im ersten Satz, den sie sagen, tauschen sie ihre Meinungen über das Wetter aus: ›Tja, mein lieber Herr, an so einen Frühling kann ich mich überhaupt gar nicht erinnern.‹«

Daran hat sich nichts geändert, und das wird es auch nie. Das liegt buchstäblich in der Natur der Sache: Gärtnern an sich ist ein Anachronismus im Alles-geht-Zeitalter. Hier geht eben nicht alles, nichts jederzeit nach Wunsch. Pflanzen, egal wie schick und teuer, folgen unbeirrbar ihrem eigenen Rhythmus, und ob das ihrem Servicepersonal gefällt, ist ihnen vollständig gleichgültig. Ausgenommen natürlich, es handelte sich um Prinz Charles, dessen Grünzeug angeblich bereitwillig auf seine allerhöchste Ansprache eingeht.

Normalsterbliche können sich da höchstens von Bestechung per Dünger, Wasser und Pflege eine gewisse Aussicht auf Erfolg versprechen – aber eben nur, solange das Wetter mitspielt.

Das Wetter. Das Thema Nummer eins. Das große Unbekannte, das überwältigenden Erfolg und schmähliche Niederlagen bringen kann, und gemeinerweise sogar beides innerhalb kürzester Zeit. Wem je ein Hagelsturm die hinreißend blühenden Rosen plattgeschlagen hat, der wird verstehen, wie hart die biblische Strafe war: »So spricht der Herr: Ich will einen Windwirbel reißen lassen in meinem Grimm und einen Platzregen in meinem Zorn und große Hagelsteine im Grimm, die sollen alles umstoßen.« Wen wundert es da noch, wenn besorgte Gärtner da sogar zum ältesten aller Hausmittel Zuflucht nehmen: zum Beten. »Wenn es etwas helfen würde,« so Karel Čapek, »fiele der Gärtner jeden Tag auf die Knie und betete etwa in diesem Wortlaut: ›Mein Herr, richte es bitte irgendwie ein, dass es jeden Tag etwa ab Mitternacht bis ungefähr drei Uhr morgens regnet, aber weißt du, ganz leicht und warm, damit der Boden den Regen aufnehmen kann. Lass es aber nicht auf die Pechnelke regnen, auch nicht auf die, die dir in deiner unendlichen Weisheit als trockenliebende Pflanzen bekannt sind. Die Sonne möchte den ganzen Tag scheinen, aber nicht überallhin (zum Beispiel nicht auf den Gelben Enzian, die Funkie und den Rhododendron), und nicht zu stark. Dafür sollte es einmal in der Woche verdünnte Gülle und Taubenmist regnen. Amen.‹«

Schön wär's. Tauben lassen es zwar mit Begeisterung Mist regnen, die Wettergötter aber zeigen sich meist eher kapriziös. Und so sucht jeder Gärtner ewig die »Dauer im Wechsel«, von der Goethe spricht: »Hielte diesen frühen Segen, / Ach, nur

Eine Stunde fest! / Aber vollen Blütenregen / Schüttelt schon der laue West. / Soll ich mich des Grünen freuen, / Dem ich Schatten erst verdankt? / Bald wird Sturm auch das zerstreuen, / Wenn es falb im Herbst geschwankt. / Willst du nach den Früchten greifen, / Eilig nimm dein Teil davon! / Diese fangen an zu reifen, / Und die andern keimen schon; / Gleich mit jedem Regengusse / Ändert sich dein holdes Tal, / Ach, und in demselben Flusse / Schwimmst du nicht zum zweiten Mal.«
An diesen Änderungen hing früher die gesamte menschliche Existenz: Reicher Ertrag oder Missernte? Heute erlebt der Durchschnittsbürger eine so existenzielle Abhängigkeit nur noch im Garten. Wie uralt sie ist, wie allgegenwärtig der ständige Blick aufs Wetter lange war, beweisen unzählige Sprichwörter und Bauernregeln. »Wenn's an Lichtmess stürmt und schneit, ist der Frühling nicht mehr weit«, heißt es zum Beispiel über die Tage Anfang Februar, mit denen die Gartensaison beginnt. Bald ist es Zeit für Eduard Mörikes Klassiker: »Frühling lässt sein blaues Band / Wieder flattern durch die Lüfte; / Süße, wohlbekannte Düfte / Streifen ahnungsvoll das Land.« Heute ist es auf dem Land eher das herbe Odeur von Gülle, das den Frühling ahnungsvoll ankündigt, aber das macht die Freude nicht kleiner. Die Ungewissheit auch nicht: Zu warm oder zu kalt? Regnet es genug / zu viel / zu wenig? Und dann die Frage aller Fragen: Wie wird der Sommer?
»Der Juni kam«, atmet Wilhelm Busch tief durch. »Lind weht die Luft. Geschoren ist das Grase. Eine Wonne voller Rosenduft dringt tief in unsere Nase.« Vorausgesetzt mal wieder, das Wetter spielt mit, denn gerade der herrliche Juni neigt in unsere Breitengraden zu jähen, gewalttätigen Unwettern, die alles verändern: »Geschwisterlich und alle gleichgerichtet, / Stehn die Gebückten, Tropfenden im Wind«, beschrieb

Hermann Hesse die *Blumen nach einem Unwetter.* »Bang und verschüchtert noch und regenblind / Und manche schwache brach und liegt vernichtet / Sie heben langsam, noch betäubt und zagend / Die Köpfe wieder ins geliebte Licht / Geschwisterlich ein erstes Lächeln wagend: / Wir sind noch da, der Feind verschlang uns nicht.«

»Das gehört überhaupt zu den Freuden des Gärtners,« bringt Beverley Nichols es auf den philosophischen Punkt: »Wie sehr die Elemente toben, man kann sich immer mit dem Gedanken trösten, dass es zu irgendetwas gut ist. Der erste Frühling nach der Anpflanzung meines Waldes war der nasseste, den man in England je erlebt hatte. Nichts hätte nasser sein können, außer dem Sommer, der darauf folgte. Jeden Tag, wenn ich morgens aufstand, sah ich, wie der Regen herabströmte. In gewöhnlichen Zeiten wäre ich durch dieses Wetter halb wahnsinnig geworden, aber jetzt presste ich die Lippen zusammen, unterdrückte einen Schauder und sagte mir: ›Sehr gut für die Bäume.‹«

Gärtnern macht eben zwangsläufig weise – was bleibt einem denn auch weiter übrig? Und falls selbst das angesichts höherer Gewalt nicht hilft, kann man den Garten ja einfach mal Garten sein lassen und einer Bauernregel des Karikaturisten Tetsche folgen: »Ist der Sommer heiß und trocken, sollte man in Kneipen hocken.«

Der perfekte Moment: Das Wetter stimmt, der Frühling ist da – die Gartensaison kann kommen. | Vincent van Gogh, *Birnbaum in Blüte* (1888); Amsterdam, Van Gogh Museum

Literatur

Ahrendt, Dorothee / **Aepfler,** Gertraud: *Goethes Gärten in Weimar,* Leipzig 1994
Ball, Hugo: *Sämtliche Werke und Briefe,* Göttingen 2007
Barlage, Andreas: *Woher wissen Wurzeln, wo unten ist?* Ostfildern 2019
Baudelaire, Charles: *Die Blumen des Bösen,* Reinbek 2017
Bechstein, J. M.: *Naturgeschichte der Stubenvögel,* Halle 1840
Birkhan, Helmut: *Pflanzen im Mittelalter,* Wien / Köln / Weimar 2012
Bismarck, Otto von: *Über die Natur,* Frankfur / Main 1979
Boland, Maureen & Bridget: *Was Kräuterhexen sagen,* München 1983
Borchert, Wolfgang: *Das Gesamtwerk,* Hamburg 2009
Brecht, Bertolt: *Gesammelte Gedichte,* Frankfurt / Main 1976
Busch, Wilhelm: Kritisch-Allzukritisches, Frankfurt / Main 1974
Čapek,Karel: *Das Jahr des Gärtners,* Frankfurt / Main 2010
Domin, Hilde: *Gesammelte Gedichte,* Frankfurt 1987
Doyle, Arthur Conan: *Der Hund von Baskerville,* Köln 1970
Dumas, Alexandre: *Die Kameliendame,* Berlin 2016 | *Die schwarze Tulpe,* Dettenhausen 2015
Enzensberger, Hans Magnus: *Verteidigung der Wölfe,* Berlin 1957
Erhardt, Heinz: *Noch'n Gedicht,* Oldenburg / Hamburg 2019
Frisch, Max: *Homo Faber,* Frankfurt / Main 1957
Foerster, Karl: *Blauer Schatz der Gärten,* Stuttgart 1990
Fontane, Theodor: *Gesammelte Werke,* Berlin / Weimar 1977
Fröhlich, Anne Marie (Hrsg): *Gärten / Texte aus der Weltliteratur,* Zürich 1993
Glendinning, Victoria: *Vita Sackville-West,* Frankfurt 1990
Goethe, Johann Wolfgang von: *Werke,* München 1999
Goscinny, René, / **Uderzo,** Albert: *Asterix bei den Briten,* Stuttgart 1971 | *Der Kampf der Häuptlinge,* Stuttgart 1969
Goulson, Dave: *Wenn der Nagekäfer zweimal klopft,* München 2016 | *Wildlife Gardening,* München 2019
Hauschild, Stephanie: *Die sinnlichen Gärten des Albertus Magnus,* Ostfildern 2005
Hauser, Karin: *Geschlechtergeschichte als Gesellschaftsgeschichte,* Göttingen 2013
Heine, Heinrich: *Sämtliche Werke,* München 1972
Hesdörffer, Max / **Köhler,** Ernst / **Rudel,** Reinhold: *Die schönsten Stauden,* Berlin 1901
Hesse, Hermann: *Freude am Garten,* Berlin 2012
Hobhouse, Penelope: *Der Garten,* London 2007
Höffgen, Thomas: *Schamanismus bei den Germanen,* Remda-Teichel 2016
Homer: *Ilias / Odyssee,* Berlin 2009
Huchel, Peter: *Gesammelte Werke,* Berlin 2017
Hugo, Victor: *Der Glöckner von Notre Dame,* Frankfurt / Main 2012
Kaléko, Mascha: *Verse für Zeitgenossen,* Düsseldorf 1978
Kästner, Erich: *Gesammelte Schriften für Erwachsene,* Gütersloh 1969
Kempowski, Walter: *Aus großer Zeit,* Hamburg 1978
Krausch, Heinz-Dieter: *Kaiserkron und Päonien rot…,* München 2007
Lange, Theodor: *Allgemeines Gartenbuch,* Leipzig 1909
Laws, Bill: *Zwiebel, Safran, Fingerhut,* Hildesheim 2012
Lessing, Theodor: *Blumen,* Berlin 1927
Löns, Hermann: *Sämtliche Werke,* Augsburg 1990
Lloyd, Christopher: *The Well-Tempered Garden,* London 2001
Lorenz, Konrad: *Er redete mit dem Vieh, den Vögeln und den Fischen,* München 1964
Mader, Bernd: *Blumen, Blätter und Früchte,* Gnas 2018
Mann, Heinrich: *Der Untertan,*

Frankfurt / Main 1996
Marlitt, Eugenie: *Goldelse,* Frankfurt / Main 1975
Musgrave, Toby: *Pflanzensammler und -entdecker,* München 1999
Nichols, Beverley: *Große Liebe zu kleinen Gärten,* Hamburg 1987 | *In ein Haus verliebt,* Hamburg 1988
Parvord, Anna: *Die Tulpe,* Berlin 2003
Pluhar, Erika: *Aus Tagebüchern,* Hamburg 1981
Pollan, Michael: *Second Nature,* New York 1991
Rätsch, Christian: *Der Heilige Hain,* Hamburg 2005 | *Heilpflanzen der Antike,* Aarau 2014
Rehling, Hermann / **Brohmer,** Paul: *Unsere Pflanzen,* Dresden 1922
Ressel, Jutta (Hrsg): *Blühende Phantasie,* München 1996
Rilke, Rainer Maria: *Der Garten glänzt vor lauter Licht,* Berlin 2015
Ringelnatz, Joachim: *... und auf einmal steht es neben dir,* Berlin 1964
Roth, Johannes: *Die neue Gartenlust,* Frankfurt / Main 1994 | *Gartenlust,* Frankfurt / Main, 1992
Rowling, J. K.: *Harry Potter,* 6 Bände, London, 1997–2007
Russ, Karl: *Einheimische Stubenvögel,* Magdeburg 1904
Sackville-West, Vita: *Aus meinem Garten,* Frankfurt / Main 1993
Scherf, Gertrud: *Zauberpflanzen und Hexenkräuter,* München 2003
Schmölders, Claudia (Hrsg): *Mit Goethe durch den Garten,* Frankfurt / Main 1989
von Strauss und Torney, Lulu: *Die Tulipan,* Düsseldorf 1966
Schwaab, Gustav: *Sagen des klassischen Altertums,* Sofia 2018
Seidel, Wolfgang: *Die Weltgeschichte der Pflanzen,* Köln 2012
Seiler, Christian: *André Heller,* München 2012
Shakespeare, William: *Gesammelte Werke,* Köln 2013
Smith, Lane: *Großvaters Bäume,* Frankfurt / Main 2017
Stewart, Amy: *Gemeine Gewächse,* München 2011
Strabo, Walhafrid: *De cultura hortorum / Über den Gartenbau,* Leipzig 2015
Wagner, Jan: *Selbstporträt mit Bienenschwarm,* München 2016
Woolf, Virginia: *Kew Gardens,* Kew 2017
Zerling, Clemens: *Lexikon der Pflanzensymbolik,* Darmstadt 2013
Zweig, Stefan: *Die Welt von gestern,* Frankfurtt / Main 1985
Dazu die LPs / Alben: »Wolf Biermann (Ost) zu Gast bei Wolfgang Neuss (West)« 1965, Elton John, »Don't Shoot Me I'm only the Piano Player« 1973, Led Zeppelin »Stairway to Heaven« 1971, Georg Ringsgwandl »Gache Wurzn«, 2001.
Und folgende Internetseiten: Benedikt Erenz: https://www.zeit.de/1999/08/Wurmes_Wollust | **Franz Joseph Degenhardt:** https://www.lyrix.at/t/franz-josef-degenhardt-kirschenzeit-47f | **Stefan Raab:** https://www.lyrix.at/t/stefan-raab-gartennazis-bd9

Bildquellenverzeichnis

S. 16 / 17 Quagga Media UG / akg-images
S. 21 akg-images / Erich Lessing
S. 31 akg-images
S. 39 akg-images
S. 49 akg-images / Erich Lessing
S. 65 akg-images
S. 70 / 71 akg-images
S. 75 akg-images / bilwissedition
S. 81 akg-images
S. 90 / 91 akg-images / Orsi Battaglini
S. 97 akg-images
S. 104 / 105 akg-images / Florilegius
S. 111 akg-images / De Agostini Picture Lib.
S. 121 akg-images
S. 133 The Natural History Museum / Alamy Stock Foto
S. 137 Quagga Media UG / akg-images
S. 142 / 143 akg-images / Orsi Battaglini
S. 155 akg-images / Erich Lessing
S. 165 Kolumba, Köln / Lothar Schnepf
S. 173 akg-images

Bibliographisches Institut GmbH,
Mecklenburgische Straße 53, 14197 Berlin

Redaktion: Iris Glahn
Lektorat: Rainer Wieland
Herstellung: Maike Häßler
Umschlaggestaltung,
Layout und Satz: Hanna Zeckau
Umschlagabbildungen: Apfel, Apfelblüte, Erbse, Erdbeere, Himbeere, Iris, Mohn, Schnecke, Schneeglöckchen: Quagga Media UG / akg-images; Biene: akg-images / bilwissedition; Gießkanne: akg-images / Alain Le Toquin
Druck und Bindung: CPI books GmbH,
Birkstraße 10, 25917 Leck
Printed in Germany

ISBN 978-3-411-71785-9
www.duden.de

PEFC
PEFC/04-31-3011

PEFC zertifiziert
Dieses Produkt stammt aus nachhaltig bewirtschafteten Wäldern und kontrollierten Quellen.

www.pefc.de